HA...

GUIDE DE CONVERSATION

Français-Grec

par

LEXUS

avec

C. Babis Metaxas

Handwritten annotations:

madame
~~femme~~ – Kyria

Homme – Kyrie
~~monsieur~~ – LEXUS

Okhi = non

mè = oui

Efkháristo = Merci
parakalo – bien venue ou s.v.p.
posso = Combien

Mé sinkhorité = pardon

HARRAP

Édition publiée en France 1989
par Chambers Harrap Publishers Ltd
7 Hopetoun Crescent, Edinburgh EH7 4AY
Grande-Bretagne

ISBN 0245 50356 0

Réimprimé 1990 (trois fois), 1997, 1998 (deux fois),
2000

Dépôt légal : janvier 1998

Imprimeur : Clays Ltd, St Ives plc, Grande-Bretagne

TABLE DES MATIERES

L'ALPHABET GREC

		nom grec	équivalent en français
A	α	*alfa*	a
B	β	*vita*	v
Γ	γ	*Gama*	y (comme dans 'yoyo' ou G*)
Δ	δ	*Dèlta*	D (comme dans le 'th' anglais de 'the')
E	ε	*èpsilone*	è (comme dans 'belle', 'mère')
Z	ζ	*zita*	z
H	η	*ita*	i
Θ	ϑ	*Çèta*	Ç (comme dans le 'th' anglais de 'Thatcher')
I	ι	*yota*	i
K	κ	*kapa*	k
Λ	λ	*lame-Da*	l
M	μ	*mi*	m
N	ν	*ni*	n
Ξ	ξ	*xi*	x
O	o	*omikrone*	o (comme dans 'botte')
Π	π	*pi*	p
P	ϱ	*ro*	r
Σ	σ, ς**	*siGma*	s
T	τ	*taf*	t
Y	υ	*ipsilone*	i
Φ	φ	*fi*	f
X	χ	*Ri*	R (comme 'ch' dans 'Bach', ou 'j' espagnol dans 'jota')
Ψ	ψ	*psi*	ps
Ω	ω	*omèGa*	o (comme dans 'botte')

* voir page 6

** cette lettre n'est utilisée qu'à la fin d'un mot

4

Les expressions et les phrases proposées dans ce guide actuel vous permettront de vous exprimer lors de votre séjour en Grèce. Chaque rubrique se compose d'un vocabulaire de base, d'une sélection de phrases utiles ainsi que d'une liste de mots et d'expressions courantes que vous pourrez voir ou entendre en Grèce (panneaux, renseignements, indications, directions etc.). Vous pourrez bien vous faire comprendre grâce aux indications très simples de prononciation spécialement adaptées pour les lecteurs français.

Ce guide vous propose un mini-dictionnaire français-grec et grec-français comportant, en tout, près de 5000 termes contemporains. Vous pourrez ainsi, en vous aidant des phrases données, converser plus librement et établir des contacts plus intéressants avec les habitants.

Les plaisirs de la table n'ont pas été oubliés, en effet la rubrique "La Cuisine Grecque" vous donne une liste complète de plats typiques grecs (200 environ) expliqués en français.

Ce guide comporte aussi deux rubriques inédites; une sur les expressions familières et une autre qui vous fournira des informations touristiques sur la Grèce.

Nous vous souhaitons donc :

καλή τύχη!
kali tiRi !
bonne chance !

et

καλό ταξίδι!
kalo taxíDi !
bon voyage !

PRONONCIATION

Le système de prononciation des phrases données en grec dans ce guide utilise la prononciation du français pour reproduire les sons de la langue grecque. Si vous lisez la prononciation de la même manière que les mots français, vous pourrez vous faire comprendre par un Grec. Dans le mini-dictionnaire français-grec, les traductions ont été données en lettres romaines pour que vous puissiez les lire directement sans avoir recours à l'alphabet grec.

A noter :

Ç   se prononce en plaçant la langue entre les dents, comme le 'th' anglais dans 'Thatcher'.

D   se prononce comme un 'd' à mi-chemin entre le 'd' français et le 'th' anglais de 'the'.

Si vous prononcez ces deux lettres comme en français ('s', 'd') on vous comprendra.

G   se prononce comme un 'r' venant du fond de la gorge, comme dans 'Bach'.

O   se prononce comme dans 'botte'.

R   se prononce comme un 'r' venant du fond de la gorge, comme dans 'Bach'.

x   se prononce toujours 'ks'.

Lorsque les lettres ou les syllabes sont données en caractères gras, il faut les prononcer de manière plus accentuée.

Dans le mini-dictionnaire grec-français nous avons ajouté un guide spécial de prononciation en haut de chaque page de gauche. Celui-ci vous donnera la prononciation des lettres qui diffèrent de leur équivalent romain, ainsi que de certaines combinaisons de lettres. L'alphabet grec intégral est donné à la page 4.

Notez qu'en grec ';' est un point d'interrogation.

salut
γειά
ya

bonjour
χαίρετε
Rèrètè

bonjour (*le matin*)
καλημέρα
kalimèra

bonjour (*l'après-midi*)
καλησπέρα
kalispèra

bonsoir
καλησπέρα
kalispèra

bonne nuit
καληνύχτα
kaliniRta

enchanté
χάρηκα
Rarika

au revoir
αντίο
adio

à bientôt
γειά, θα τα πούμε
ya, Ça ta poumè

oui
ναι
nè

VOCABULAIRE DE BASE

non
όχι
oᴙi

oui, volontiers
ναι, ευχαριστώ
nè, èfe-ᴙaristo

non merci
όχι, ευχαριστώ
oᴙi, èfe-ᴙaristo

s'il vous plaît
σας παρακαλώ
sasse parakalo

merci
ευχαριστώ
èfe-ᴙaristo

merci beaucoup
ευχαριστώ πολύ
èfe-ᴙaristo poli

il n'y a pas de quoi
παρακαλώ
parakalo

désolé
συγγνώμη
siᴦnomi

comment ? qu'est-ce que vous avez dit ?
ορίστε; πώς είπατε;
oristè ? posse ipatè ?

comment vas-tu ? comment allez-vous ?
τι κάνεις; τι κάνετε;
ti kanisse ? ti kanètè ?

très bien merci
πολύ καλά, ευχαριστώ
poli kala, èfe-ᴙaristo

et toi ? et vous-même ?
εσύ; εσείς;
èssi ? èssisse ?

VOCABULAIRE DE BASE

excusez moi, s'il vous plaît !
συγγνώμη!
siᏀnomi !

ça coûte combien ?
πόσο κάνει;
posso kani ?

je peux . . . ?
μπορώ να . . .;
boro na . . . ?

pourrais-je avoir . . . ?
μπορώ να έχω . . .;
boro na èᏒo . . . ?

j'aimerais . . .
θα ήθελα . . .
Ça iÇèla . . .

où est . . . ?
πού είναι . . .;
pou inè . . . ?

ce n'est pas . . .
δεν είναι . . .
Ᏸène inè . . .

c'est . . . ?
είναι . . .;
inè . . . ?

y a-t-il . . . ici ?
υπάρχει . . . εδώ;
ipar-Ᏸi . . . èᏰo ?

pourriez-vous répéter ?
το ξαναλέτε αυτό, σας παρακαλώ;
to xanalètè aᏖto, sasse parakalo ?

pourriez-vous parler plus lentement ?
λίγο πιο σιγά, σας παρακαλώ
liᏀo pio siᏀa, sasse parakalo

je ne comprends pas
δεν καταλαβαίνω
Ᏸène katalavèno

VOCABULAIRE DE BASE

d'accord
εντάξει
ènè-daxi

allons-y !
άντε, πάμε!
adè, pamè !

comment vous appelez-vous ?
πώς σε λένε;
possè sè lènè ?

comment ça s'appelle en grec ?
πώς το λέμε αυτό στα Ελληνικά;
possè to lèmè afto sta èlinika ?

ça va très bien !
ωραία!
orèa !

ανδρών	hommes
ανοιχτό	ouvert
απαγορεύεται	interdit
απαγορεύεται η είσοδος	entrée interdite
απαγορεύεται το κάπνισμα	non-fumeurs
γυναικών	dames
δεν λειτουργεί	en panne
είσοδος	entrée
ενοικιάζεται	à louer
έξοδος	sortie
κλειστό	fermé
μην πατάτε το πράσινο	ne pas marcher sur les pelouses
παρακαλώ	s'il vous plaît
πληροφορίες	renseignements
πωλείται	à vendre
σύρατε	tirer
τουαλέτα	toilettes
ωθήσατε	pousser

LE VOYAGE

aéroglisseur	το δελφίνι	*to Dèlfini*
aéroport	το αεροδρόμιο	*to aèroDromio*
avion	το αεροπλάνο	*to aèroplano*
bagages	οι βαλίτσες	*i valitsèsse*
bateau	το καράβι	*to karavi*
car	το πούλμαν	*to poulmane*
couchette	το βαγκόν-λι	*to vagone-li*
docks	η αποβάθρα	*i apovaÇra*
ferry	το φέρυ-μπωτ	*to fèri-bote*
gare	ο σταθμός	*o staÇe-mosse*
port	το λιμάνι	*to limani*
porte (*aéroport*)	η έξοδος	*i èxoDosse*
réserver une place	κλείνω θέση	*klino Çèssi*
taxi	το ταξί	*to taxi*
train	το τραίνο	*to trèno*

un billet pour . . .
ένα εισιτήριο για . . .
èna issitirio ya . . .

j'aimerais réserver une place
θα ήθελα να κλείσω μια θέση
Ça iÇèla na klisso mia Çèssi

fumeurs/non-fumeurs s'il vous plaît
καπνίζοντες/μη καπνίζοντες σας παρακαλώ
kape-nizone-dèsse/mi kape-nizone-dèsse sasse parakalo

une place près de la fenêtre, s'il vous plaît
μια θέση στο παράθυρο, σας παρακαλώ
mia Çèssi sto paraÇiro, sasse parakalo

de quel quai part le train pour . . . ?
από ποιά πλατφόρμα φεύγει το τραίνο για . . .;
apo pia plate- forma fève-yi to trèno ya . . . ?

à quelle heure est le prochain vol ?
τι ώρα είναι η επόμενη πτήση;
ti ora inè i èpomèni ptissi ?

11

LE VOYAGE

c'est bien le bateau pour ... ?
αυτό είναι το καράβι για ...;
afto inè to karavi ya ... ?

cet autobus va-t-il à ... ?
αυτό το λεωφορείο πάει στην ...;
afto to lèoforio païstine ... ?

cette place est libre ?
είναι ελεύθερη αυτή η θέση;
inè èlèfe-Çèri afti i Çèssi ... ?

est-ce que je dois changer (de bus) ?
πρέπει να αλλάξω (λεωφορείο);
prèpi na alaxo (lèoforio) ?

c'est bien cet arrêt pour ... ?
αυτή είναι η στάση για ...;
afti inè i stassi ya ... ?

ce billet va bien ?
είναι εντάξει αυτό το εισιτήριο;
inè ène-daxi afto to issitirio ?

je voudrais changer mon billet
θέλω να αλλάξω το εισιτήριο μου
Çèlo na alaxo to issitirio mou

merci pour votre hospitalité
σας ευχαριστούμε πολύ, περάσαμε υπέροχα
sasse èfe-raristoumè poli, pèrassamè ipèrora

c'est vraiment gentil d'être venu me chercher
ευχαριστώ πάρα πολύ μου ήρθατε να με συναντήσετε
èfe-raristo para poli pou irÇatè na mè sinane-dissètè

nous voici donc à ...
λοιπόν, εδώ τώρα είμαστε στο ...
lipone, évo tora imastè sto ...

> *èrètè tipotè na vilossètè ?*
> έχετε τίποτε να δηλώσετε;
> rien à déclarer ?

LE VOYAGE

boritè na anixètè afti tine tsane-da, sasse parakalo ?
μπορείτε να ανοίξετε αυτήν την τσάντα, σας
παρακαλώ;
ouvrez votre valise, s'il vous plaît

Α´ Θέση	première classe
αλλοδαποί	passeports étrangers
αναζήτηση αποσκευών	réclamation des bagages
αναχωρήσεις	départs
απαγορεύεται η στάθμευση	parking interdit
απαγορεύεται το κάπνισμα	non-fumeurs
αφίξεις	arrivées
διόδια	douane
είδη προς δήλωση	marchandises à déclarer
εισιτήρια	billets
είσοδος	entrée
έλεγχος διαβατηρίων	contrôle des passeports
ενοικιάσεις αυτοκινήτων	location de voitures
έξοδος	sortie, porte
καθυστέρηση	retard
κάρτα επιβιβάσεως	carte d'embarquement
καπνίζοντες	fumeurs (*compartiment*)
μη καπνίζοντες	non-fumeurs (*compartiment*)
μονόδρομος	rue à sens unique
ουδέν προς δήλωση	rien à déclarer
πληροφορίες	renseignements
προσδεθείτε	attachez vos ceintures
τελωνείο	douane
φύλαξη αποσκευών	consigne
χώρος πάρκινγκ	places de parking

LE LOGEMENT

auberge de jeunesse	ο ξενώνας νεότητας *o xènonasse nèotitasse*
avec salle de bain	με μπάνιο *mè banio*
balcon	το μπαλκόνι *to balkoni*
chambre avec salle de bain	ένα δωμάτιο με δικό του μπάνιο *èna domatio mè diko tou banio*
chambre pour deux	το δίκλινο δωμάτιο *to diklino domatio*
chambre pour une personne	το μονόκλινο δωμάτιο *to monoklino domatio*
chambre	το δωμάτιο *to domatio*
clé	το κλειδί *to klidi*
dîner	το βραδυνό *to vradino*
douche	το ντουζ *to douze*
hôtel	το ξενοδοχείο *to xènodorio*
lit	το κρεβάτι *to krèvati*
nuit (*d'hôtel*)	η βραδυά *i vradia*
pension	η πανσιόν *i pane-sione*
petit déjeuner	το πρωινό *to proino*
réception	η ρεσεψιόν *i rèssèpsione*
repas	το μεσημεριανό *to mèssimèriano*
salle à manger	η τραπεζαρία *i trapèzaria*

avez-vous une chambre pour une nuit ?
έχετε ένα δωμάτιο για μια βραδυά;
èRètè èna domatio ya mia vradia ?

avez-vous une chambre pour une personne ?
έχετε ένα δωμάτιο για ένα άτομο;
èRètè èna domatio ya èna atomo ?

avez-vous une chambre pour deux personnes ?
έχετε ένα δωμάτιο για δύο άτομα;
èRètè èna domatio ya dio atoma ?

nous aimerions louer une chambre pour une semaine
θα θέλαμε να νοικιάσουμε ένα δωμάτιο για μια εβδομάδα
Ça Çèlamè na nikiassoumè èna domatio ya mia èvè-domada

LE LOGEMENT

je cherche une bonne chambre pas chère
ψάχνω για ένα δωμάτιο καλό και φτηνό
psaʀno ya èna ᴅomatio kalo kè ftino

j'ai réservé
έχω κλείσει δωμάτιο
èʀo klissi ᴅomatio

c'est combien ?
πόσο κάνει;
posso kani ?

je peux voir la chambre, s'il vous plaît ?
μπορώ να δω το δωμάτιο, σας παρακαλώ;
boro na ᴅo to ᴅomatio, sasse parakalo ?

le petit déjeuner est-il inclus dans le prix ?
είναι το πρωινό μέσα στην τιμή;
inè to proïno mèssa stine timi ?

une chambre avec vue sur la mer
ένα δωμάτιο με θέα στην θάλασσα
èna ᴅomatio mè Çèa stine Çalassa

nous voulons rester encore une nuit
θα θέλαμε να μείνουμε άλλη μια βραδνά
Çа Çèlamè na minoumè ali mia vraᴅia

nous arriverons tard le soir
θα φτάσουμε αργά
Çа ftassoumè arɢa

nous arriverons en retard
θα φτάσουμε πιο αργά από ότι είχαμε πει
Çа ftassoumè pio arɢa apo oti iʀamè pi

pourriez-vous préparer ma note, s'il vous plaît ?
τον λογαριασμό, σας παρακαλώ
tone loɢariasmo, sasse parakalo

je vais payer comptant
θα πληρώσω τοις μετρητοίς
Çа plirosso tisse mètritisse

vous acceptez les cartes de crédit ?
μπορώ να πληρώσω με κάρτα;
boro na plirosso mè karta ?

LE LOGEMENT

pouvez-vous me réveiller à 6 heures 30 demain matin ?
μπορείτε να με ξυπνήσετε στις έξι και μισή το πρωί;
borìte na mè xipe- nissètè stisse èxi kè missi to proï ?

à quelle heure servez-vous le petit déjeuner/dîner ?
τι ώρα είναι το πρωινό/βραδυνό;
ti ora inè to proïno/vraDino ?

pouvons-nous prendre le petit déjeuner dans notre chambre ?
μπορείτε να μας φέρετε το πρωινό στο δωμάτιο;
borìte na masse fèrètè to proïno sto Domatio ?

merci de nous avoir hébergés
ευχαριστούμε για την φιλοξενία
èfe-Raristoumè ya tine filoxènia

Ιος όροφος	premier étage
Α' κατηγορίας	première catégorie (*hôtel*)
ανδρών	hommes
ανελκυστήρας	ascenseur
γυναικών	dames
ενοικιάζονται δωμάτια	chambres à louer
έξοδος κινδύνου	sortie de secours
εστιατόριο	restaurant
ισόγειο	rez-de-chaussée
μην ενοχλείτε	ne pas déranger
μπάνιο	salle de bain
μπαρ	bar
ντουζ	douche
ξενοδοχείο	hôtel
ξενώνας νεότητας	auberge de jeunesse
πρωινό	petit déjeuner
πυροσβεστήρας	extincteur
σύρατε	tirer
τραπεζαρία	salle à manger
υπόγειο	sous-sol
ωθήσατε	pousser

AU RESTAURANT

addition	ο λογαριασμός	*o loGariasmosse*
boire	πίνω	*pino*
dessert	το γλυκό	*to Gliko*
entrée	το πρώτο πιάτο	*to proto piato*
manger	τρώω	*tro-o*
menu	ο κατάλογος	*o kataloGosse*
nourriture	το φαγητό	*to faïto*
plat principal	το κυρίως πιάτο	*to kiriosse piato*
pourboire	το φιλοδώρημα	*to filoDorima*
restaurant	το εστιατόριο	*to èstiatorio*
salade	η σαλάτα	*i salata*
serveur	το γκαρσόν	*to garsone*

une table pour trois, s'il vous plaît
ένα τραπέζι για τρεις, σας παρακαλώ
èna trapèzi ya trisse, sasse parakalo

j'aimerais voir le menu
μπορώ να δω τον κατάλογο;
boro na Do tone kataloGo ?

nous aimerions commander
μπορούμε να παραγγείλουμε;
boroumè na paragiloumé ?

qu'est-ce que vous recommandez ?
εσείς, τι θα μας προτείνατε;
èssisse, ti Ça masse protinatè ?

j'aimerais..., s'il vous plaît
θα ήθελα ... σας παρακαλώ
Ça iÇèla ... sasse parakalo

garçon !
γκαρσόν!
garsone !

17

AU RESTAURANT

mademoiselle !
δεσποινίς!
Despinisse !

l'addition, s'il vous plaît ?
τον λογαριασμό, σας παρακαλώ
tone loGariasmo, sasse parakalo

deux crèmes, s'il vous plaît
δυό καφέδες με γάλα, σας παρακαλώ
Dio kafeDèsse mè Gala, sasse parakalo

c'est pour moi
αυτό είναι για μένα
afto inè ya mèna

encore un peu de pain, s'il vous plaît
λίγο ψωμί ακόμη, σας παρακαλώ
liGo psomi akomi, sasse parakalo

une bouteille de vin rouge/blanc, s'il vous plaît
ένα μπουκάλι κόκκινο/άσπρο κρασί, σας παρακαλώ
èna boukali kokino/aspro krassi, sasse parakalo

εστιατόριο	restaurant
ζαχαροπλαστείο	café, pâtisserie
καφετερία	café
μεζέδες	amuse-gueule
ουζερί	bar où l'on boit de l'ouzo
ποικιλία	assortiment d'amuse-gueule
ταβέρνα	taverne, restaurant
της ώρας	grillades/fritures à la commande
ψαροταβέρνα	restaurant de poissons
ψησταριά	restaurant de grillades et de viandes rôties

LA CUISINE GRECQUE

(voir aussi le dictionnaire)

Préparations, sauces

αυγολέμονο *ave-golèmono* sauce à l'œuf et au citron
βραστό *vrasto* bouilli
γεμιστά *yèmista* farci, habituellement avec du riz et/ou de la viande hachée
καπνιστό *kapnisto* fumé
κοκκινιστό *kokinisto* à la sauce tomate
κρασάτο *krassato* cuit dans une sauce au vin
λαδερά *laδèra* à la sauce tomate et à l'huile d'olive
με λαδολέμονο *mè laδolèmono* avec de l'huile d'olive et du citron
με σάλτσα *mè saltsa* avec une sauce, en général une sauce tomate
παστό *pasto* salé
πλακί *plaki* cuit au four dans une sauce tomate
στο φούρνο *sto fourno* cuit au four
σωτέ *sotè* légèrement frit
τηγανητό *tiganito* frit
της κατσαρόλας *tisse katsarolasse* à la casserole
της σούβλας *tisse souvlasse* rôti à la broche
της σχάρας *tisse sʀarasse* grillé au barbecue
τουρσί *toursi* au vinaigre
ψητό *psito* grillé au barbecue ; cuit au four

Ingrédients et produits traditionnels

αγγουράκια *agourakia* concombres
αμύγδαλα *amiɢ-δala* amandes
αρακάς *arakasse* petits pois
αρνάκι *arnaki* agneau
αρνί *arni* mouton
αστακός *astakosse* homard
αχλάδια *aʀlaδia* poires
βερύκοκα *vèrikoka* abricots
βωδινό *voδino* bœuf
γαλοπούλα *ɢalopoula* dinde

LA CUISINE GRECQUE

γαρίδες *GARIDèsse* crevettes
γλώσσα *ylossa* langue ; sole
ελαιόλαδο *èlèolaDo* huile d'olive
ελιές *èlièsse* olives
θαλασσινά *çalassina* fruits de mer
καλαμαράκια *kalamarakia* calmar
καραβίδες *karaviDèsse* gambas
καρπούζι *karpouzi* pastèque
κασέρι *kassèri* fromage à pâte cuite
κεράσια *kèrassia* cerises
κεφαλοτύρι *kèfalotiri* genre de fromage
κολοκυθάκια *kolokiDakia* courgettes
κότα *koia* poulet
κοτόπουλο *kotopoulo* poulet
κουνέλι *kounèli* lapin
κουνουπίδι *kounoupiDi* chou-fleur
κρέας *krèasse* viande, habituellement du bœuf
κρεμμυδάκια *krèmiDakia* oignons frais
κρεμμύδια *krèmiDia* oignons
λαζάνια *lazania* lasagnes
λαχανικά *laRanika* légumes
λάχανο *laRano* chou
λιθρίνι *liçrini* sorte de poisson : vivaneau
μαϊντανός *médanosse* persil
μακαρόνια *makaronia* pâtes
μανιτάρια *manitaria* champignons
μανταρίνια *mandarinia* mandarines
μέλι *mèli* miel
μελιτζάνες *mèlidzanèsse* aubergines
μήλα *mila* pommes
μοσχάρι *mosRari* veau ; viande de bœuf tendre
μπακαλιάρος *bakaliarosse* morue, morue salée
μπάμιες *bamièsse* akra : genre de haricot
μπαρμπούνια *barbounia* rouget
μπριζόλες *brizolèsse* côtelettes, steaks
μυαλά *miala* cervelles
μύδια *miDia* moules
ντομάτες *domatèsse* tomates
ξηροί καρποί *xiri karpi* noix, fruits secs
ξιφίας *xifiasse* espadon
παγωτό *paGoto* glace

20

LA CUISINE GRECQUE

παντζάρι *pane-dzari* betteraves
πατάτες *patatèsse* pommes de terre
πατσάς *patsasse* tripes
πεπόνι *pèponi* melon
πέστροφα *pèstrofa* truite
πιλάφι *pilafi* riz
πιπέρι *pipèri* piment
πιπεριά *pipèria* poivron
πορτοκάλι *portokali* orange
πράσο *prasso* poireau
ρίγανη *riᴅani* origan
ροδάκινα *roᴅakina* pêches
σαρδέλλες *sarᴅèlèsse* sardines
σέλινο *sèlino* céleri
σκόρδο *skorᴅo* ail
σουπιές *soupièsse* seiches
σταφίδες *stafiᴅèsse* raisins secs
σταφύλια *stafilia* raisin
στρείδια *striᴅia* huîtres
σύκα *sika* figues
ταραμάς *taramasse* œufs de morue
τόννος *tonosse* thon
τσιπούρα *tsipoura* brème de mer
τυρί *tiri* fromage
φάβα *fava* pois cassés
φασολάκια *fassolakia* haricots
φασόλια *fassolia* flageolets, haricots secs
φέτα *fèta* fromage de feta
φιλέτο *filèto* filet
φράουλες *fra-oulèsse* fraises
φρούτα *frouta* fruit
φυστίκια *fistikia* cacahouètes
φυστίκια Αιγίνης *fistikia Eyinisse* pistaches
χοιρινό *ririno* porc
χταπόδι * rtaqoᴅi* poulpe
ψάρια *psaria* poisson

Quelques plats grecs

αρνάκι εξοχικό *arnaki èxoriko* gigot d'agneau en
  papillote

LA CUISINE GRECQUE

αρνάκι με μπάμιες *arnaki me bamièsse* râgout d'agneau et d'akra, genre de haricot

αρνάκι με πατάτες στο φούρνο *arnaki mè patatèsse sto fourno* agneau rôti aux pommes de terre

αρνάκι τας κεμπάπ *arnaki tasse kèbape* agneau à la sauce tomate

αρνάκι της σούβλας *arnaki tisse souvlasse* agneau rôti à la broche

αρνάκι φρικασέ με μαρούλια *arnaki frikassè mè maroulia* agneau et laitue à la sauce à l'œuf et au citron

αυγά μάτια *ave-ga matia* œufs frits

αυγά μελάτα *ave-ga mèlata* œufs mollets

αυγά σφιχτά *ave-ga sfirta* œufs durs

βωδινό βραστό *vodino vrasto* râgout de bœuf

γαλακτομπούρεκο *galaktobourèko* pâtisserie à la crème dans un 'filo' (feuilleté)

γαρδούμπα *gardouba* abats d'agneau à la broche

γιουβαρλάκια αυγολέμονο *youvarlakia ave-golèmono* boulettes de viande au riz à la sauce à l'œuf et au citron

γιουβέτσι *youvètsi* agneau servi avec des pâtes

γλυκό βύσσινο *gliko vissino* cerises confites au sirop

γλυκό σύκο *gliko siko* figues confites au sirop

καλαμαράκια τηγανητά *kalamarakia tiganita* calmars frits

κανταΐφι *kada-ifi* 'filo' (feuilleté) roulé au sirop en tranches

καρυδόπιττα *karidopita* pâtisserie aux noix

κεφτέδες *kèftèdèsse* boulettes de viande

κοκορέτσι *kokorètsi* abats d'agneau à la broche

κολοκυθάκια γιαχνί *kolokiçakia yarni* courgettes et oignons à la sauce tomate

κολοκυθάκια με κρέας *kolokiçakia mè krèasse* courgettes et râgout de bœuf

κοτόπουλο κοκκινιστό *kotopoulo kokinisto* poulet dans une sauce tomate

LA CUISINE GRECQUE

κοτόπουλο της σούβλας *kotopoulo tisse souvlasse* blanc de poulet à la broche

κρεατόπιττα *krèatèopita* viande hachée dans un 'filo' (feuilleté)

λαγός στιφάδο *lagosse stifado* râgout de lièvre à l'échalotte

λαχανοντολμάδες *laranodolmadèsse* feuilles de chou farcies à la viande hachée et au riz

λουκουμάδες *loukoumadèsse* beignets frits au sirop

λουκούμια *loukoumia* raha loukoum

μακαρόνια με κιμά *makaronia mè kima* spaghettis bolognaise

μακαρόνια παστίτσιο *makaronia pastitsio* pâtes

μελιτζάνες μουσακά *mèlidzanèsse moussaka* moussaka : aubergines en tranche et viande hachée à la béchamel

μελιτζάνες παπουτσάκια *mèlidzanèsse papoutsakia* aubergines farcies

μελιτζανοσαλάτα *mèlidzanosalata* purée d'aubergines en salade

μοσχάρι με μελιτζάνες *mosrari mè mèlidzanèsse* râgout de veau et d'aubergines

μοσχάρι με φασολάκια *mosrari mè fassolakia* veau et haricots verts

μοσχάρι ψητό *mosrari psito* veau braisé

μουσακάς *moussakasse* moussaka (couches de légumes et de viande hachée recouverts de béchamel)

μπακλαβάς *baklavasse* baklava ('filo' (feuilleté) aux noix et au sirop)

μπάμιες λαδερές *bamièsse ladèrèsse* akra, genre de haricot, à l'huile d'olive et à la sauce tomate

μπιφτέκι *biftèki* hamburger

μπουγάτσα *bougatsa* feuilleté farci

μπριάμι *briami* ratatouille

μπριζόλες χοιρινές στη σχάρα *brizolèsse ririnèsse sti srara* côtelettes de porc grillées au barbecue

ντολμάδες *dolmadèsse* feuilles de vigne ou de chou farcies à la viande et/ou au riz

23

LA CUISINE GRECQUE

ντομάτες γεμιστές *domatèsse yèmistèsse* tomates farcies

πατάτες γιαχνί *patatèsse yaʀni* pommes de terre et oignons à la sauce tomate

πατάτες πιγανάτες στο φούρνο *patatèsse riɢanatèsse sto fourno* pommes de terre cuites au four à l'origan

πιπεριές γεμιστές *pipèrièsse yèmistèsse* poivrons verts farcis

ρυζόγαλο *rizoɢalo* gâteau de riz

σκορδαλιά *skorᴅalia* sauce épaisse à l'ail

σουβλάκια *souvlakia* morceaux de viande cuits en brochettes et servies dans une pitta

σουπιές με σπανάκι *soupièsse mè spanaki* râgout de seiche aux épinards

στιφάδο *stifaᴅo* émincé de viande aux oignons

συκώτι ψητό *sikoti psito* foie grillé au barbecue

τζατζίκι *dzadziki* yaourt et concombre

τσουρέκι *tsourèki* gâteau à pâte légère

τυρόπιττα *tiropita* fromage et œuf dans un 'filo' (feuilleté)

φακές *fakèsse* soupe de lentilles

φασολάδα *fassolaᴅa* soupe de haricots au céleri, aux carottes et aux tomates

φασολάκια λαδερά *fassolakia laᴅera* haricots verts à l'huile d'olive et à la sauce tomate

φασόλια γίγαντες *fassolia yiɢane-dèsse* gros haricots secs à la sauce tomate

χαλβάς *ʀalvasse* confiserie à base de graines de sésame, de noix et de miel

χταποδάκι ξυδάτο *ʀtapoᴅaki xiᴅato* poulpe en conserve au vinaigre

χωριάτικη σαλάτα *ʀoriatiki salata* salade de tomates, avec des concombres, du fromage, des poivrons, des olives et des œufs durs à l'huile d'olive et au vinaigre

ψαρόσουπα *psarossoupa* soupe de poissons

bar	το μπαρ *to bar*
bière	η μπύρα *i bira*
blanc	άσπρο *aspro*
coca-cola (R)	η κόκα-κόλα *koka-kola*
doux	γλυκό *gliko*
gin-tonic	το τζιν με τόνικ *to djine mè tonik*
glace	ο πάγος *o pagosse*
limonade	η λεμονάδα *i lèmonada*
orange pressée	το πορτοκάλι χυμός *to portokali rimosse*
rouge	κόκκινο *kokino*
sec	ξερό *xèro*
(*nature*)	σκέτο *skèto*
vin	το κρασί *to krassi*
vodka	η βότκα *i votka*
whisky	το ουίσκυ *to ouiski*

on va boire un verre ?
πάμε για ένα ποτό
pamè ya èna poto

une bière, s'il vous plaît
μιά μπύρα, σας παρακαλώ
mia bira, sasse parakalo

deux bières, s'il vous plaît
δύο μπύρες, σας παρακαλώ
dio birèsse, sasse parakalo

un verre de vin rouge/blanc
ένα ποτήρι κόκκινο/άσπρο κρασί
èna potiri kokino/aspro krassi

avec beaucoup de glace
με πολύ πάγο
mé poli pago

sans glace, s'il vous plaît
χωρίς πάγο, σας παρακαλώ
rorisse pago, sasse parakalo

AU BISTRO

puis-je en avoir un autre ?
ακόμη ένα;
akomi èna ?

la même chose, s'il vous plaît
το ίδιο πάλι, σας παρακαλώ
to iDio pali, sasse parakalo

qu'est-ce que vous prenez/tu prends ?
τι θα πιείτε; τι θα πιείς;
ti Ça pi-itè ? ti Ça pi-isse ?

c'est ma tournée
τώρα, κερνάω εγώ
tora, kèrnao èGo

pas pour moi, merci
εγώ δεν θέλω τίποτε, ευχαριστώ
èGo Dène Çèlo tipotè, èfe-raristo

il est complètement bourré
αυτός είναι τύφλα στο μεθύσι
aftosse inè tifla sto mèÇissi

άσπρο/κόκκινο κρασί *aspro/kokino krassi* vin blanc/rouge

ελληνικός καφές *èlènikosse kafèsse* café grec

Différentes sortes de café grec

σκέτος *skètosse* 1 cuillère à café de café – pas de sucre
με ολίγη *mè oliyi* 1 cuillère à café de café, une demie de sucre
μέτριος *mètriosse* 1 cuillère à café de café, 1 de sucre
βαρύγλυκος *variglikosse* 1 cuillère à café de café, 2 de sucre
γαλλικός καφές *Galikosse kafèsse* café filtre
νέσκαφε *nèskafè* café instantané
νέσκαφε φραπέ *nèskafè frapè* café glacé instantané
μεταλλικό νερό *mètaliko nèro* eau minérale
ούζο *ouzo* ouzo

26

QUELQUES EXPRESSIONS FAMILIERES

bourré	πίττα	*pita*
cinglé	θεότρελλος	*Çèotrèlosse*
crétin	ανόητος	*anoïtosse*
dingue	ψώνιο	*psonio*
imbécile	βλάκας	*vlakasse*
mec	ο τύπος	*o tiposse*
nana	η γκόμενα	*i gomèna*

super !
άψογο!
apsoGo !

quelle horreur !
απαίσιο!
apèssio !

ferme-la !
σκασμός!
skasmosse !

aïe !
ωχ!
oR !

miam !
μούρλια!
mourlia !

je suis complètement crevé
είμαι πτώμα στην κούραση
imè ptoma stine kourassi

j'en ai marre
βαριέμαι που ζω
varième pou zo

j'en ai marre de ...
έχω βαρεθεί με ...
èro varèÇi mè ...

27

QUELQUES EXPRESSIONS FAMILIERES

laissez-moi rire !
έλα, άσε τα αστεία!
èla, assè ta astia !

tu plaisantes !
πλάκα κάνεις, σίγουρα!
plaka kanisse, siɢoura !

ça ne vaut rien
για πέταμα είναι
ya pètama inè

c'est du vol
φοβερή κλεψιά
fovèri klèpsia

tire-toi !
φύγε αμέσως!
fiyè amèssosse !

c'est vraiment embêtant
μεγάλος μπελάς
mèɢalosse bèlasse

c'est vraiment génial
φοβερό, καταπληκτικό, απίθανο!
fovèro, kataplik-tiko, apiÇano !

άντε ! *adè !* dépêche-toi !
αυτός είσαι ! *aftosse issè !*   bravo, mon garçon !
έγινε ! *èyine !* oui, j'arrive !
μάγκας *makasse* avisé, malin, qui sait se débrouiller en
    ville
μαλάκας *malakasse* idiot
πρώτα ! *prota !* super !
ρε συ ! *rè si !* hé, vous là-bas !
χάλια ! *ʀalia !* quelle horreur !

LES TRANSPORTS

aéroglisseur	το δελφίνι *to Delfini*
aller retour	(εισιτήριο) με επιστροφή *(issitirio) mè èpistrofi*
aller simple	μόνο να πάω *mono na pao*
bateau	το καράβι *to karavi*
billet/ticket	το εισιτήριο *to issitirio*
bus	το λεωφορείο *to léoforio*
car	το πούλμαν *to poulmane*
carte	ο χάρτης *o Rartisse*
changer	αλλάζω *alazo*
essence	η βενζίνη *i vène-zini*
ferry	το φέρυ-μπωτ *to fèribote*
garage	το βενζινάδικο *to vène-zinaDiko*
gare	ο σταθμός *o staÇe-mosse*
mobylette	το μηχανάκι *to miRanaki*
moto	η μοτοσυκλέτα *i motossiklèta*
stop	το ώτο-στοπ *to oto-stop*
taxi	το ταξί *to taxi*
train	το τραίνο *to trèno*
vélo	το ποδήλατο *to poDilato*
voiture	το αυτοκίνητο *to aftokinito*

je voudrais louer une voiture/un vélo/une mobylette
θα ήθελα να νοικιάσω ένα αυτοκίνητο/ποδήλατο/
μηχανάκι
Ça iÇèla na nikiasso èna aftokinito/poDilato/miRanaki

combien ça coûte par jour ?
πόσο πάει τη μέρα;
posso païti mèra ?

quand dois-je ramener la voiture ?
πότε πρέπει να το επιστρέψω το αυτοκίνητο;
potè prèpi na to èpistrèpso to aftokinito ?

je vais à ...
πάω για ...
pao ya ...

29

LES TRANSPORTS

pour aller à ... ?
πώς θα πάω στο ...;
posse Ça pao sto ... ?

REPONSES

issia, èfe-Çia
ίσια, ευθεία
tout droit

stripsè aristèra/Dèxia
στρίψε αριστερά/δεξιά
tournez à gauche/à droite

inè afto èki to ktirio
είναι αυτό εκεί το κτίριο
c'est ce bâtiment-là

inè prosse ta pisso
είναι προς τα πίσω
il faut revenir sur vos pas

proto/Dèftèro/trito aristèra
πρώτο/δεύτερο/τρίτο αριστερά
première/deuxième/troisième à gauche

je ne suis pas d'ici
ξένος είμαι
xènosse imè

est-ce sur mon chemin ?
είναι στον δρόμο μας;
inè stone Dromo masse ?

est-ce que je peux descendre ici ?
μπορώ να κατεβώ εδώ;
boro na katèvo èDo ?

deux aller retour pour ... , s'il vous plaît
δύο εισιτήρια με επιστροφή για ... σας παρακαλώ
Dio issitiria mè èpistrofi ya ... sasse parakalo

LES TRANSPORTS

à quelle heure part le dernier bus pour rentrer ?
τι ώρα είναι το τελευταίο λεωφορείο για πίσω;
ti ora inè to tèlèftèo lèoforio ya pisso ?

nous voulons partir demain et revenir après-demain
θέλουμε να φύγουμε αύριο και να γυρίσουμε μεθαύριο
Çèloumè na fioumè avrio kè na yirissoumè mèÇavrio

nous reviendrons dans la journée
θα γυρίσουμε την ίδια μέρα
Ça yirissoumè tine iɒia mèra

c'est bien l'arrêt pour . . . ?
αυτή είναι η στάση για . . .;
afti inè i stassi ya . . .?

ce bus va bien à . . . ?
πάει αυτο το λεωφορείο στο . . .;
païafto to lèoforio sto . . . ?

quel est ce village ?
ποιό χωριό είναι αυτό;
pio ʀoʀio inè afto ?

c'est quel arrêt pour . . . ?
ποιά στάση είναι για . . .;
pia stassi inè ya . . . ?

est-ce que je peux emporter mon vélo dans le bus ?
μπορώ να πάρω το ποδήλατο μου στο λεωφορείο;
boro na paro to poɒilato mou sto lèoforio ?

où se trouve la station-essence la plus proche ?
πόσο μακριά είναι για το πιο κοντινό βενζινάδικο;
posso makria inè ya to pio kone-dino vène-zinaɒiko ?

j'ai besoin d'un pneu neuf
θέλω καινούργιο λάστιχο
Çèlo kènourio lastiʀo

le moteur chauffe
έχει ζεσταθεί πολύ η μηχανή
èʀi zèstaÇi poli i miʀani

les freins ne fonctionnent pas bien
κάποιο πρόβλημα υπάρχει με τα φρένα
kapio provlima ipar-ri mè ta frèna

LES TRANSPORTS

απαγορεύεται η είσοδος	entrée interdite
απαγορεύεται η στάθμευση	parking interdit
απαγορεύεται η στάση	stationnement de courte durée interdit
απαγορεύεται η στροφή δεξιά/αριστερά	interdiction de tourner à droite/à gauche
απλή	essence ordinaire
αφετηρία	départs
δακτύλιος	zone de stationnement réservée (*les voitures ayant un numéro pair/impair sont interdites de stationner les jours impairs/pairs*)
διάβαση πεζών	passage piétons
διόδια	douane
εισιτήρια	billets
ελεύθερο	libre (*taxi*)
εκτελούνται έργα	attention travaux
ενοικιάσεις αυτοκινήτων	location de voitures
ηλεκτρικός	métro
κίνδυνος !	danger !
μονόδρομος	rue à sens unique
όριο ταχύτητας	limitation de vitesse
παρακαμπτήριος	déviation
προσοχή !	attention !
προτεραιότητα δεξιά	priorité à droite
σούπερ	essence super
σταθμός ηλεκτρικού	station de métro
στάση	arrêt de bus
στάση ταξί	station de taxis
τέρμα	destination
τροχαία	agent de la circulation
χώρος πάρκινγκ	parking

LE SHOPPING

bon marché	φτηνό *ftino*
caisse	το ταμείο *to tamio*
chèque	η επιταγή *i èpitayi*
cher	ακριβό *akrivo*
magasin	το μαγαζί *to maɢazi*
payer	πληρώνω *plirono*
rayon	το τμήμα *to tmima*
reçu	η απόδειξη *i apoɒixi*
sachet	η τσάντα *i tsane-da*
(en plastique)	η σακούλα *i sakoula*
supermarché	το σουπερμάρκετ *to soupère-markète*
vendeur	ο υπάλληλος *o ipalilosse*
vendeuse	η πωλήτρια *i politria*

j'aimerais . . .
θα ήθελα . . .
Ça iÇèla . . .

avez-vous . . . ?
έχετε . . .;
èrètè . . . ?

je peux regarder ?
μπορώ να ρίξω μια ματιά;
boro na rixo mia matia ?

c'est trop cher
είναι πολύ ακριβό
inè poli akrivo

c'est combien ?
πόσο κάνει αυτό;
posso kani afto ?

celui en vitrine
αυτό στην βιτρίνα
afto stine vitrina

33

LE SHOPPING

vous acceptez les cartes de crédit ?
δέχεστε πιστωτικές κάρτες;
ᴅèrèstè pistotikèsse kartèsse ?

j'aimerais l'essayer
θα ήθελα να το δοκιμάσω
Ça içèla na to ᴅokimasso

je reviendrai
θα ξανάρθω
Ça xanarço

c'est trop grand/petit
είναι πολύ μεγάλο/μικρό
inè poli mègalo/mikro

ce n'est pas ce qu'il me faut
δεν είναι αυτό που θέλω
ᴅène inè afto pou ᴅèlo

je le prends
θα το πάρω
Ça to paro

vous pouvez me faire un emballage cadeau ?
μπορείτε να το τυλίξετε για δώρο;
boritè na to tilixètè ya ᴅoro ?

ανοιχτό	ouvert
καπνοπωλείο – ψιλικά	tabac, articles divers
εκπτώσεις	solde
κατανάλωση πριν από . . .	à consommer avant . . .
κλειστό	fermé
ταμείο	caisse
τρόφιμα – ποτά	alimentation-boissons
φυλάσσεται σε μέρος δροσερό	conserver au frais
ώρες λειτουργίας	heures d'ouverture

Αγιο Ορος (το)	le Mont Athos, république monastique de la péninsule de Chalcidique
αρχαία (τα)	le grec ancien ; un site archéologique
Δωδεκάνησα (τα)	les 'douzes îles' (Rhodes, Cos etc.) du sud est de la Mer Egée
Εμφύλιος (ο)	la guerre civile grecque 1946-1949
Επτάνησα (τα)	les 'sept îles' (Corfou, Ithaque etc.) de la Mer Ionienne
ζεϊμπέκικο (το)	danse effectuée par un homme sur un air de 'rebetika'
Ιόνιο (το)	la Mer Ionienne
Κυκλάδες (οι)	les îles des Cyclades (Mykonos, Santorin etc.)
Μακεδονία (η)	Macédoine ; le Nord de la Grèce
Μεγάλη Εβδομάδα (η)	la Semaine Sainte
Μικρασιάτες (οι)	les Grecs d'Asie Mineure
Παρθενώνας (ο)	le Parthénon
Πάσχα (το)	le Dimanche de Pâques
Πόντιοι (οι)	les Grecs de la côte de la Mer Noire
ρεμπέτικα (τα)	musique populaire grecque des villes
Ρωμιοσύνη (η)	la nation grecque ; le caractère national grec
25 Μαρτίου	25 Mars 1821, jour de l'Indépendance
Σποράδες (οι)	les îles du nord ouest de la Mer Egée (Skiathos etc.)
τσιφτετέλι (το)	danse du ventre grecque
φιλότιμο (το)	orgueil ; désir de faire ses preuves
χασάπικο (το)	groupe de danseurs mixtes qui dansent sur des airs de 'rebetika'
χούντα (η)	le régime des Colonels 1967-1974

L'ARGENT

addition	ο λογαριασμός *o loɢariasmosse*
banque	η τράπεζα *i trapèza*
bureau de change	το γραφείο συναλλάγματος *to ɢrafio sinalaɢ-matosse*
carte de crédit	η πιστωτική κάρτα *i pistotiki karta*
chèque	η επιταγή *i èpitayi*
cher	ακριβό *akrivo*
drachmes	οι δραχμές *i ᴅraᴋmèsse*
francs	τα φράγκα *ta frane-ga*
monnaie	τα ψιλά *ta psila*
prix	η τιμή *i timi*
reçu	η απόδειξη *i apoᴅixi*
taux de change	η νομισματική ι σοτιμία *i nomismatiki issotimia*
traveller's chèque	η ταξιδιωτική επιταγή *i taxiᴅiotiki èpitayi*

c'est combien ?
πόσο κάνει;
posso kani ?

j'aimerais changer ceci en . . .
θα ήθελα να το αλλάξω αυτό σε . . .
ɢa iᴋèla na to alaxo afto sè . . .

pourriez-vous me donner de la monnaie ?
μπορείτε να μου δώσετε ψιλά;
borìtè na mou ᴅossètè psila ?

vous acceptez cette carte de crédit ?
δέχονται αυτήν εδώ την κάρτα;
ᴅèᴋonᴛè aftinè ᴅo tine karta ?

l'addition, s'il vous plaît ?
τον λογαριασμό, σας παρακαλώ
tone loɢariasmo, sasse parakalo

36

L'ARGENT

gardez la monnaie
κρατήστε τα ρέστα
kratistè ta rèsta

le service est-il compris ?
είναι και το φιλοδώρημα μέσα;
inè kè to filoᴅorima mèssa ?

je crois qu'il y a une erreur
νομίζω ότι υπάρχει κάποιο λάθος
nomizo oti ipar-ʀi kapio laÇosse

je n'ai pas d'argent
δεν έχω καθόλου λεφτά
ᴅène èʀo kaÇolou lèfta

L'unité monétaire est le 'drachme' δραχμή (*draʀmi*)
souvent abrégé en δρχ, et couramment appelé το φράγκο
(*frane-go*). Dans le langage courant, les pièces et les
billets portent les noms suivants :

2 δρχ	το δίφραγκο	ᴅifrago
5 δρχ	το τάλληρο	taliro
10 δρχ	το δεκάρικο	ᴅèkariko
20 δρχ	το εικοσάρικο	ikossariko
50 δρχ	το πενηντάρικο	pèni-dariko
100 δρχ	το κατοστάρικο	to katostariko
500 δρχ	το πεντακοσάρικο	to pène-dakossariko
1000 δρχ	το χιλιάρικο	to ʀiliariko
5000 δρχ	το πεντοχίλιαρο	to pène-doʀiliaro

δολλάριο	dollar américain
φράγκα	francs
συνάλλαγμα	devises
ταμείο	distributeur, guichet
τιμές συναλλάγματος: αγορά . . .	taux de change : nous achetons à . . .
τιμές συναλλάγματος: πώληση . . .	taux de change : nous vendons à . . .
τράπεζα	banque

billet	το εισιτήριο	*to issitirio*
chanteur	ο τραγουδιστής	*o trayou-*Distisse
chanteuse	η τραγουδίστρια	*i trayou-*Distria
cinéma	το σινεμά	*to sinèma*
concert	το κοντσέρτο	*to kone-tsèrto*
discothèque	η ντισκοτέκ	*i diskotèke*
film	το φιλμ	*to film*
groupe	το συγκρότημα	*to sigrotima*
musique	η μουσική	*i moussiki*
pièce	το θεατρικό έργο	*to Çèatriko* èrGo
place	η θέση	*i Çèssi*
sortir	βγαίνω	*vièno*
spectacle	η παράσταση	*i parastassi*
théâtre	το θέατρο	*to Çèatro*

qu'est-ce que tu fais ce soir ?
έχεις να κάνεις τίποτε απόψε;
èrisse na kanisse tipotè apopsè ?

veux-tu sortir avec moi ce soir ?
θέλεις να βγούμε απόψε;
Çèlisse na vioumè apopsè ?

qu'est-ce qu'il y a comme spectacles ?
πού έχει να πάμε;
pou èri na pamè ?

vous avez un programme des spectacles en ville ?
έχετε κανένα οδηγό θεαμάτων;
èrètè kanèna oDiGo *Çèamatone ?*

(à Athènes)
έχετε το "Αθηνόραμα";
èHètè to "AÇinorama" ?

quelle est la meilleure discothèque du coin ?
ποιά είναι η πιο καλή ντισκοτέκ εδώ κοντά;
pia inè i pio kali diskotèke èDo *kone-da ?*

LES SORTIES

allons au cinéma/théâtre
πάμε σινεμά/στο θέατρο
pamè sinèma/sto Çèatro

je l'ai déjà vu
το έχω δει
to èro Di

rendez-vous à 9 heures devant le cinéma
θα βρεθούμε στις εννιά έξω από το σινεμά
Ça vrèÇoumè stisse ènia èxo apo to sinèma

je voudrais deux places pour ce soir
θα ήθελα δύο εισιτήρια για απόψε
Ça iÇèla Dio issitiria ya apopsè

tu veux danser avec moi (encore une fois) ?
θέλεις να χορέψουμε (πάλι);
Çèlisse na rorèpsoumè (pali) ?

merci mais je suis avec mon copain
ευχαριστώ πολύ, αλλά είμαι με τον φίλο μου
èfe-raristo poli, ala imè mè tone filo mou

allons prendre l'air
ας βγούμε να πάρουμε λίγο αέρα
asse vioumè na paroumè liGo aèra

vous me laisserez rentrer quand je reviendrai ?
θα με αφήσετε να ξαναμπώ;
Ça mè afissètè na xanabo ?

j'ai rendez-vous avec quelqu'un à l'intérieur
έχω ραντεβού με κάποιον μέσα
èro rane-dèvou mè kapione mèssa

ακατάλληλο	interdit aux moins de 18 ans
διάλειμμα	entracte
εισιτήρια	billets
κατάλληλο	peut être vu par les enfants
κλειστό	fermé
μπουζούκια	endroit où l'on peut écouter un groupe de musique grecque

LA PLAGE

bikini	το μπιλίνι *to bikini*
bronzer	μαυρίζω *mavrizo*
huile solaire	αντιηλιακό λάδι *ane-diyiliako laDi*
lait solaire	αντιηλιακή λοσιόν *ane-diyiliaki lossione*
maillot de bain	το μαγιό *to mayo*
mer	η θάλασσα *i Çalassa*
nager	κολυμπώ *kolibo*
parasol	η ομπρέλλα της πλαζ *i obrèla tisse plaze*
plage	η παραλία *i paralia*
plonger	κάνω βουτιά *kano voutia*
sable	η άμμος *i amosse*
se faire bronzer	κάνω ηλιοθεραπεία *kano ilioÇèrapia*
serviette	η πετσέτα *i pètsèta*
vague	το κύμα *to kima*

allons à la plage
πάμε στην παραλία
pamè stine paralia

elle est bonne ?
πώς είναι το νερό;
posse inè to nèro ?

elle est glacée
είναι παγωμένο
inè paGomèno

elle est bonne
είναι υπέροχο
inè ipèroRo

tu viens nager ?
θα έρθεις για μπάνιο;
Ça èrÇisse ya banio ?

je ne sais pas nager
δεν ξέρω να κολυμπάω
Dène xèro na kolibao

40

LA PLAGE

il nage comme un poisson
κολυμπάει σαν δελφίνι
kolibaï sane Dèlfini

tu peux garder mes affaires ?
μπορείς να προσέχεις τα πράγματα μου;
borisse na prossèrisse ta praGmata mou ?

c'est profond ?
είναι βαθειά εδώ;
inè vaCia èDo ?

tu peux me passer de l'huile sur le dos ?
μπορείς να μου βάλεις λάδι στην πλάτη;
borisse na mou valisse laDi stine plati ?

j'adore me faire bronzer
μου αρέσει πάρα πολύ η ηλιοθεραπεία
mou arèssi para poli i ilioCèrapia

j'ai pris un gros coup de soleil
έχω καεί ολόκληρος από τον ήλιο
èRo ka-i oloklirosse apo tone ilio

tu es tout mouillé !
είσαι μούσκεμα !
issè mouskèma !

allons au café
πάμε πάνω στο καφενείο
pamè pano sto kafènio

απαγορεύεται ο γυμνισμός	nudisme interdit
αχινός	oursins
ενοικιάζονται βάρκες	location de bateaux
καμπίνες	cabines
μολυσμένα ύδατα	eau polluée
ντουζ	douches
παραλία	plage
τσούχτρα	méduses

PROBLEMES

accident	το ατύχημα	*to atírima*
ambulance	το ασθενοφόρο	*to asse-Çènoforo*
blessé	τραυματίας	*trave-matiasse*
cassé	σπασμένο	*spasmèno*
docteur	ο γιατρός	*o yatrosse*
en retard	αργά	*arGa*
feu	η φωτιά	*i fotia*
malade	άρρωστος	*arostosse*
police	η αστυνομία	*i astinomia*
pompiers	η πυροσβεστική	*i pirosse-vestiki*

pouvez-vous m'aider ? je suis perdu
μπορείτε να με βοηθήσετε; έχω χαθεί
borìte na mè vo-iÇissètè, èro raÇi

j'ai perdu mon passeport
έχω χάσει το διαβατήριο μου
èro rassi to Diavatirio mou

je me suis enfermé dehors
κλειδώθηκα απέξω από το δωμάτιο μου
kliDoÇika apèxo apo to Domatio mou

mes bagages ne sont pas arrivés
δεν έχουν έρθει οι βαλίτσες μου
Dène èroune èrÇi i valitsèsse mou

je n'arrive pas à l'ouvrir
δεν μπορώ να το ανοίξω
Dène boro na to anixo

c'est bloqué
έχει φρακάρει
èri frakari

je n'ai pas assez d'argent
δεν έχω αρκετά λεφτά
Dène èro arkèta lèfta

42

PROBLEMES

je suis tombé en panne
χάλασε το αυτοκίνητο
Ralassè to aftokinito

c'est une urgence
είναι επείγον
inè èpiɢone

au secours !
βοήθεια !
vo-iɕia !

ça ne marche pas
δεν δουλεύει
Dène Doulèvi

la lumière ne marche pas dans ma chambre
δεν έχει φως στο δωμάτιο μου
Dène èri fosse sto Domatio mou

l'ascenseur est en panne
σταμάτησε το ασανσέρ
stamatissè to assane-sère

je ne comprends rien
δεν καταλαβαίνω τίποτε
Dène katalavèno tipotè

pouvez-vous trouver quelqu'un pour traduire ?
μπορείτε να βρείτε έναν διερμηνέα;
boritè na vritè ènane Dièrminèa ?

la chasse d'eau ne marche pas
χάλασε το καζανάκι της τουαλέτας
Ralassè to kazanaki tisse tou-alètasse

il n'y a pas de bonde pour la baignoire
δεν έχει τάπα στην μπανιέρα
Dène èri tapa stine banièra

il n'y a pas d'eau chaude
δέν έχει ζεστό νερό
Dène èri zèsto nèro

PROBLEMES

il n'y a plus de papier hygiénique
τελείωσε το χαρτί στην τουαλέτα
tèliossè to ratti stine tou-alèta

je suis désolé, j'ai cassé le/la . . .
χίλια συγνώμη, αλλά κατά λάθος έσπασα το . . .
rilia sinomi, ala kata laÇosse èsse-passa to . . .

cet homme me suit depuis un moment
αυτός εδώ με ακολουθεί
aftosse èDo mè akolouÇi

j'ai été agressé
με κλέψανε
mè klèpsanè

on m'a volé mon sac à main
μου κλέψανε την τσάντα
mou klèpsanè tine tsane-da

απαγορεύεται . . .	ne pas . . .
αστυνομία	police
γραφείο απωλεσθέντων	objets perdus
δεν λειτουργεί	en panne
έξοδος κινδύνου	sortie de secours
κίνδυνος !	danger !
κίνδυνος πυρκαγιάς	danger d'incendie
κίνδυνος κατολισθήσεων	glissements de terrain
κίνδυνος ηλεκτροπληξίας	danger – haute tension
οδική βοήθεια	assistance autoroute
προσοχή !	attention !
πρώτες βοήθειες	premiers soins
πυροσβεστήρας	extincteur
πυροσβεστική υπηρεσία	pompiers
φαρμακείο	pharmacie

LA SANTE

blessure	η πληγή	*i pliyi*
brûlé	το έγκαυμα	*to ène-gave-ma*
cassé	σπασμένο	*spasmèno*
contraceptif	το προφυλακτικό	*to profilaktiko*
dentiste	ο οδοντίατρος	*o oDone-diatrosse*
docteur	ο γιατρός	*o yatrosse*
handicapé	ανάπηρος	*anapirosse*
hôpital	το νοσοκομείο	*to nossokomio*
infirmière	η νοσοκόμα	*i nossokoma*
malade	άρρωστος	*arostosse*
maladie	η αρρώστια	*i arostia*
pansement	ο επίδεσμος	*o èpiDèsmosse*
pharmacie	το φαρμακείο	*to farmakio*
sang	το αίμα	*to èma*
santé	η υγεία	*i iyia*

je ne me sens pas bien
δεν νιώθω καλά
Dène nioÇo kala

ça empire
πάει χειρότερα
paï rirotèra

je me sens mieux
νιώθω καλύτερα
nioÇo kalitèra

j'ai mal au coeur
νιώθω άσχημα
nioÇo asrima

j'ai mal ici
έχω έναν πόνο εδώ
èro ènane pono èDo

ça fait mal
πονάει
ponaï

45

LA SANTE

il a beaucoup de fièvre
έχει πυρετό
èRi pirèto

pouvez-vous appeler un médecin ?
μπορείτε να φωνάξτε έναν γιατρό;
borìtè na fonaxètè ènane yatro ?

c'est grave ?
είναι σοβαρό;
inè sovaro ?

il faudra l'opérer ?
θα χρειαστεί εγχείρηση;
Ça Riastí ène-Ririssí ?

je suis diabétique
έχω ζάχαρο
èRo zaRaro

il faut qu'elle reste au chaud
προσοχή να μην κρυώσει
prossoRí na mine kriossi

avez-vous quelque chose contre . . .?
έχετε τίποτε για . . .;
èRètè típotè ya . . . ?

αλοιφή	pommade
ανακινήσατε πριν από την χρήση	agiter avant l'emploi
δηλητήριο	poison
ιατρείο	cabinet médical
παυσίπονο	calmant
πριν από το φαγητό	avant les repas
πρώτες βοήθειες	premiers secours
σιρόπι	sirop pour la toux
φαρμακείο	pharmacie
. . . φορές την ημέρα	. . . fois par jour
χάπια	comprimés
χρήσις εξωτερική	usage externe uniquement

j'aimerais apprendre à faire de la planche à voile
θέλω να μάθω να κάνω σερφ
Çèlo na maÇo na kano seurf

pouvons-nous louer un voilier ?
μπορούμε να νοικιάσουμε σκάφος για ιστιοπλοΐα;
boroumè na nikiassoumè skafosse ya istioplo-ia ?

combien coûte une demi-heure de ski nautique ?
πόσο κάνει το θαλάσσιο σκι, για μισή ώρα;
posso kani to Çalassio ski, ya missi ora ?

pourrais-je louer une planche à voile pour deux heures ?
μπορώ να νοικιάσω ένα σερφ για δύο ώρες;
boro na nikiasso èna seurf ya Dio orèsse ?

j'aimerais prendre des leçons de plongée sous-marine
θέλω να κάνω μαθήματα για καταδύσεις
Çèlo na kano maÇimata ya kataDississe

est-ce que nous pouvons utiliser le court de tennis ?
μπορούμε να παίξουμε στο γήπεδο του τέννις;
boroumè na pèksoumè sto yipeDo tou tènisse ?

j'aimerais aller à un match de foot
θα ήθελα να πάω σε κανένα ποδοσφαιρικό ματς
Ça iÇèla na pao sè kanèna poDosfèriko match

nous sommes en croisière dans les îles
κάνουμε τον γύρο των νησιών
kanoumè tone yiro tone nissione

nous allons faire de la randonnée
θα πάμε για ορειβασία
Ça pamè ya orivassia

c'est la première fois que j'en fais
είναι η πρώτη φορά που προσπαθώ
inè i proti fora pou prospaÇo

envoyer	στέλνω *stèlno*
lettre	το γράμμα *to* Grama
poste restante	η πόστ ρεστάντ *i poste rèstane-de*
poste	το ταχυδρομείο *to* taRidromio
recommandé	συστημένο *sistimèno*
timbre	το γραμματόσημο *to* Gramatossimo

quel est le tarif pour envoyer une lettre en France ?
πόσο είναι να στείλω ένα γράμμα στην Γαλλία;
posso inè na stilo èna Grama *stine* Galia *?*

je voudrais quatre timbres à . . . drachmes
θα ήθελα τέσσερα γραμματόσημα των . . . δραχμών
*Ça i*Çèla *tèssèra* Gramatossima *tone . . .* draRmone

**je voudrais six timbres pour carte postale à
destination de la France**
θα ήθελα έξι γραμματόσημα για κάρτες για την Γαλλία
*Ça i*Çèla *èxi* Gramatossima *ya* kartèsse *ya tine* Galia

y a-t-il du courrier pour moi ?
έχει κανένα γράμμα για μένα;
èRi kanèna Grama *ya mèna ?*

j'attends un colis de . . .
περιμένω ένα δέμα από . . .
pèrimèno èna Dèma *apo . . .*

αποστολέας	expéditeur
γραμματόσημα	timbres
διεύθυνση	adresse
εξωτερικού	étranger
επιταγές	virements
εσωτερικού	national, intérieur
συστημένα	recommandé
ταχυδρομικός κώδικας	code postal

annuaire	ο τηλεφωνικός κατάλογος *o tilèfonikosse katalοgosse*
cabine téléphonique	ο τηλεφωνικός θάλαμος *o tilèfonikosse Çalamosse*
numéro	ο αριθμός *o ariÇe-mosse*
opératrice	η τηλεφωνήτρια *i tilèfonitria*
poste	η τηλεφωνική γραμμή *i tilèfoniki grami*
renseignements	οι πληροφορίες του OTE *i pliroforièsse tou otè*
téléphoner	παίρνω τηλέφωνο *pèrno tilèfono*
téléphone	το τηλέφωνο *to tilèfono*

y a-t-il un téléphone près d'ici ?
υπάρχει τηλέφωνο εδώ κοντά;
ipar-ri tilèfono èDo kone-da ?

puis-je me servir de votre téléphone ?
μπορώ να πάρω ένα τηλέφωνο;
boro na paro èna tilèfono ?

j'aimerais téléphoner en France
θα ήθελα να πάρω ένα τηλέφωνο στην Γαλλία
Ça iÇèla na paro èna tilèfono stine galia

je veux téléphoner en PCV
θέλω να ζητήσω να πληρώσει αυτός που καλώ
Çèlo na zitisso na plirossi aftosse pou kalo

allo ?
ναί;
nè ?

pourrais-je parler à Anna ?
μπορώ να μιλήσω στην Άννα, σας παρακαλώ;
boro na milisso stine Anna, sasse parakalo ?

allo, c'est Simon
γειά σας, ο Σάιμον είμαι
ya sasse o Simone imè

49

LE TELEPHONE

je peux laisser un message ?
μπορώ να αφήσω ένα μήνυμα;
boro na afisso èna minima ?

parlez-vous français ?
μιλάτε Γαλλικά;
milatè Galika ?

pourriez-vous répéter cela très très lentement ?
μπορείτε να το ξαναπείτε αυτό πολύ πολύ αργά;
boritè na to xanapitè afto poli poli arGa ?

pouvez-vous lui dire que Pierre a appelé ?
μπορείτε να του πείτε ότι πήρε ο Πιέρ;
boritè na tou pitè oti pirè o Pierre ?

pouvez-vous lui demander de me rappeler ?
μπορείτε να της πείτε να με πάρει;
boritè na tisse pitè na mè pari ?

je rappellerai
θα πάρω αργότερα
Ça paro arGotèra

mon numéro est le . . .
ο αριθμός μου είναι . . .
o ariÇe-mosse inè . . .

un instant, s'il vous plaît
ένα λεπτό σας παρακαλώ
èna lèpto sass parakalo

il est sorti
δεν είναι εδώ
Dène inè èDo

excusez-moi, je me suis trompé de numéro
με συγχωρείτε, λάθος
mè sine-koritè, laÇosse

c'est occupé
μιλάει
milaï

je vous entends très mal
δεν σας ακούω καθόλου
Dène sasse akou-o kaÇolou

50

LE TELEPHONE

REPONSES

mia stiG-mi
μια στιγμή
ne quittez pas

piosse na po oti inè ?
ποιός να πω ότι είναι;
c'est de la part de qui ?

piosse inè ?
ποιός είναι;
qui est à l'appareil ?

o iDiosse
ο ίδιος
c'est moi

ça s'écrit comment ?	**ça s'écrit . . .**
πώς το γράφεις;	θα σου πω πώς γράφετε
posse to Grafisse ?	*Ça sou posse Grafètè*

Si vous désirez épeler votre nom, il vous faudra vous
servir de l'alphabet français que beaucoup de Grecs
comprennent. Pour l'alphabet grec, voir page 4.

100	urgences
131	renseignements
ακουστικό	appareil
αριθμός τηλεφώνου	numéro de téléphone
διεθνές	appel international
μετρητής	unité de base
μονάδα	unité
νόμισμα	pièce
O.T.E.	PTT grecques
τηλέφωνο	téléphone
τηλεφωνικός θάλαμος	cabine téléphonique
τηλεφωνικός κατάλογος	annuaire
υπεραστικό	appel longue distance

LES CHIFFRES, LA DATE ET L'HEURE

0	μηδέν	*midène*
1	ένα	*èna*
2	δύο	*dio*
3	τρία	*tria*
4	τέσσερα	*tèssèra*
5	πέντε	*pène-dè*
6	έξι	*èxi*
7	επτά	*èpta*
8	οκτώ	*okto*
9	εννιά	*ènia*
10	δέκα	*dèka*
11	ένδεκα	*ène-dèka*
12	δώδεκα	*dodèka*
13	δεκατρία	*dèkatria*
14	δεκατέσσερα	*dèkatèssèra*
15	δεκαπέντε	*dèkapène-dè*
16	δεκαέξι	*dèka-èxi*
17	δεκαεπτά	*dèka-èpta*
18	δεκαοκτώ	*dèka-okto*
19	δεκαεννιά	*dèka-ènia*
20	είκοσι	*ikossi*
21	εικοσιένα	*ikossi-èna*
22	εικοσιδύο	*ikossi-dio*
30	τριάντα	*triane-da*
35	τριάντα πέντε	*triane-dapène-dè*
40	σαράντα	*sarane-da*
50	πενήντα	*pènida*
60	εξήντα	*èxine-da*
70	εβδομήντα	*ève-domine-da*
80	ογδόντα	*og-done-da*
90	ενενήντα	*ènènine-da*
100	εκατό	*èkato*
101	εκατόν ένα	*èkato èna*
200	διακόσια	*diakossia*

LES CHIFFRES, LA DATE ET L'HEURE

300	τριακόσια	*triakossia*
400	τετρακόσια	*tètrakossia*
500	πεντακόσια	*pène-dakossia*
600	εξακόσια	*éxakossia*
700	επτακόσια	*èptakossia*
800	οκτακόσια	*oktakossia*
900	εννιακόσια	*èniakossia*
1 000	χίλια	ʀ*ilia*
2 000	δύο χιλιάδες	*Dio* ʀ*ilia*Dèsse
7 550	επτά χιλιάδες πεντακόσια πενήντα	
	èpta ʀ*ilia*Dèsse *pène-da-kossia pènida*	
1 000 000	ένα εκατομμύριο	*èna èkatomirio*

1er	πρώτος	*protosse*
2ème	δεύτερος	*Dèftèrosse*
3ème	τρίτος	*tritosse*
4ème	τέταρτος	*tètartosse*
5ème	πέμπτος	*pème-tosse*
6ème	έκτος	*èktosse*
7ème	έβδομος	*ève-Domosse*
8ème	όγδοος	*oG-Do-osse*
9ème	έννατος	*ènatosse*
10ème	δέκατος	*Dèkatosse*

quel jour sommes-nous ?
τι ημερομηνία είναι;
ti imèrominia inè ?

nous sommes le 12 janvier 1994
είνα δώδεκα Ιανουαρίου χίλια εννιακόσια ενενήντα
τέσσερα
inè DoDèka *I-anou-ariou* ʀ*ilia èniakossia ènènine-da
tèssèra*

quelle heure est-il ?
τί ώρα είναι;
ti ora inè ?

il est midi/minuit
είναι μεσημέρι/μεσάνυχτα
*inè mèssimèri/mèssani*ʀ*ta*

LES CHIFFRES, LA DATE ET L'HEURE

il est une heure/trois heures
είναι μία/τρεις η ώρα
inè mia/trisse i ora

il est huit heures et demie
είναι οκτώ και μισή
inè okto kè missi

il est cinq heures et quart
είναι πέντε και τέταρτο
inè pène-dè kè tètarto

il est cinq heures moins le quart
είναι πέντε παρά τέταρτο
inè pène-dè para tètarto

il est sept heures dix
είναι επτά και δέκα
inè èpta kè ᴅèka

il est neuf heures moins vingt
είναι εννιά παρά είκοσι
inè ènia para ikossi

il est six heures du matin/du soir
είναι έξι το πρωί/το απόγευμα
inè èxi to pro-i/to apo-yève-ma

à quatorze/dix-sept heures
στις δύο/στις πέντε το απόγευμα
stisse ᴅio/stisse pène-dè to apo-yève-ma

à stone; stine; **à la gare** stone staçe-mo; **à Paris** sto Parissi; **à 3 heures** stisse trisse i ora; **à demain** ça ta poumè avrio
abeille *f* i mèlissa
abord: d'abord prota
abricot *m* to vèrikoko
accord: d'accord ène-daxi; **je suis d'accord** sime-fono
accélérateur *m* to gazi
accent *m* i profora
accepter Dèromè
accident *m* to Distirima
accompagner sinoDèvo
acheter aGorazo
acide xinosse
adaptateur *m* to polaplo
addition *f* o logariasmosse
adolescent(e) *m/f* o nèosse; i nèa
adresse *f* i Dièfe-çine-si
adulte *m* o ènilikosse
aéroport *m* to aèroDromio
affaires *fpl* (*commerce*) i Doulièsse
affiche *f* i afissa
affreux apèssiosse
after-shave *m* i kolonia mèta to xirisma
âge *m* i ilikia; **quel âge as-tu ?** posso Ronone issè ?
agence *f* to praktorio
agence de voyages *f* to

taxiDiotiko Grafio
agenda *m* to imèroloyio
agent de police *m* o astifilakasse
agneau *m* to arni
agrandissement *m* i mèyène-çissi
agréable èfe-Raristosse
agressif èpiçètikosse
agriculteur *m* o aGrotisse
aide *f* i voïçia
aider voïço
aiguille *f* i vèlona
ail *m* to skorDo
aile *f* to ftèro
ailleurs alo
aimable èviè@nikosse
aimer (*d'amour*) aGapo; **j'aimerais** ça içèla; **j'aime ça** mou arèssi
air *m* o aèrasse; **avoir l'air** miazi
alarme *f* o sinayèrmosse
Albanie *f* i Alvania
alcool *m* to alko-ol
algues *fpl* ta fikia
allaiter vizèno
Allemagne *f* i Yèrmania
allemand Yèrmanikosse
aller pao; **il va bien/mal** inè kala/Dène inè kala; **va-t'en !** fiyè !; **le bleu te va bien** sou païto blè
allergique: je suis allergique à . . . imè alère-yikosse mè . . .
aller retour *m* to issitirio mè èpistrofi

55

aller simple *m* to aplo issitirio
allumage *m* i miza
allumer anavo; *(lumière)* aniGo
allumette *f* to spirto
alors totè; **alors !** malista !
alternateur *m* o ènalaktirasse
ambassade *f* i prèsvia
ambulance *f* to asse-çènoforo
améliorer vèltiono
amende *f* to prostimo
amer pikrosse
américain Amèrikanosse
Amérique *f* i Amèriki
ami *m* o filosse; **petit ami** o filosse; **petite amie** i filènaDa
amortisseur *m* to amortissère
amour *m* i aGapi; *(physique)* o èrotasse; **faire l'amour** kano èrota
ampoule *f (électrique)* i lameba; *(au pied)* i fouskala
amuser: amusez-vous kali DiaskèDassi
an o Ronosse; **j'ai 25 ans** imè 25 Ronone
analgésique *m* to pafe-sipono
ananas *m* o ananasse
ancêtre *m* o proGonosse
ancien ar-Rèosse
ancre *f* i aguira
âne *m* o GaïDarosse
angine *f* amigue-Dalitida
angine de poitrine *f* i stiçane-Ri
anglais Aglikosse; *(langue)* ta Aglika
Angleterre *f* i Aglia
animal *m* to zo-o
année *f* o Ronosse; **bonne année !** èfe-tirismènosse o kènouriosse Ronosse

anniversaire *m* ta yènèçlia; **bon anniversaire !** Ronia pola
anniversaire de mariage *m* i èpètiosse tou Gamou
annuaire *m* o tilèfonikosse kataloGosse
annuler akirono
anorak *m* to anorak
antibiotique *m* to adiviotiko
antigel *m* to adipsiktiko
antihistaminique *m* to adiyistaminiko farmako
anti-insecte: crème anti-insecte *f* to AUTAN (aotane) *(R)*
antiquaire *m (magasin)* to palèopolio
août o ave-Goustosse
apéritif *m* to apèritif
appareil *m* to miRanima
appareil-photo *m* i fotoGrafiki miRani
appartement *m* to Diamèrisma
appartenir aniko
appeler fonazo; **comment vous appelez-vous ?** posse sè lènè ?; **je m'appelle Jean** mè lènè Jean
appendicite *f* i skolikoïDitisse
appétit *m* i orèxi; **bon appétit !** kali orèxi
apporter fèrno
apprendre maçèno
après mèta
après-demain mèçavrio
après-midi *m* to apoyève-ma
araignée *f* i araRe-ni
arbre *m* to Dène-dro
arc-en-ciel *m* to ouranio toxo
archéologie *f* i are-Rèoloïa
arête *f* to kokalo

argent *m* (*pour payer*) ta lèfta; (*métal*) to assi
arôme *m* to aroma
armoire *f* to doulapi
arrêt *m* i stassi
arrêt d'autobus *m* i stassi tou lèoforiyiou
arrêter stamato; (*coupable*) silame-vano; **s'arrêter** stamato; **arrêtez !** stamata !, alt !
arrière *m* pisso; **à l'arrière** sto pisso mèrosse; **la roue/le siège arrière** o pisso troRosse/i pisso çèssi
arrivée *f* a afixi
arriver ftano; (*se passer*) sime-vèni
art *m* i tèRe-ni
artificiel tèRe-nitosse
artisanat *m* i RiRotèRe-nia
artiste *m* o kalitèRe-nisse
ascenseur *m* to assane-sère
asperges *fpl* ta sparaguia
aspirateur *m* i ilèktriki skoupa
aspirine *f* i aspirini
asseoir: s'asseoir kaçomè
assez (de) arkèta; (*plutôt*) arkèta
assiette *f* to piato
assurance *f* i asfalia
asthme *m* to asse-çma
astucieux èxipe-nosse
attaque *f* i èpiçèssi; (*apoplexie*) to ène-guèfaliko èpissoDio
attendre pèrimèno; **attendez-moi !** pèrimène-dè mè !
attention ! prossèRè !
atterrir apovivazomè
attraper (*balle*) piano
auberge de jeunesse *f* o

xènonasse nèone
aubergine *f* i mèlidzana
au-dessus de pano apo
audiophone *m* ta akoustika
aujourd'hui simèra
au revoir adio
au secours ! voïçia !
aussi èpississe; **moi aussi** ki èGo èpississe; **aussi beau que** tosso omorfosse osso
authentique afe-çèdikosse
autobus *m* to lèoforio
automatique afe-tomatosse
automne *m* to fe-çinoporo
automobile *f* to amaxi
automobiliste *m* o oDiGosse
autoroute *f* i èçe-niki oDosse
autre alosse, ali, alo; **autre chose** kati alo
Autriche *f* i Afe-stria
avaler katapino
avance: d'avance prokatavolika; **en avance** prine
avant *m* to brostino mèrosse
avant prine
avant-hier proR-tèsse
avec mè
averse *f* i bora
aveugle tiflosse
avion *m* to aèroplano; **par avion** aèroporikosse
avocat *m* (*profession*) o DiKiGorosse
avoir èRo (*voir grammaire*)
avril o Apriliosse

baby-sitter *m/f* i 'baby-sitter'
bac *m* to fèribote

bagages *mpl* i aposkèvèsse;
faire ses bagages ftiaRno tisse valitsèsse
bagages à main *mpl* to sak-'voyage'
bagarre *f* o aGonasse
bague *f* to DaktiliDi
baigner: se baigner pao ya banio
baignoire *f* i banièra
bain *m* to banio
baiser *m* to fili
balai *m* i skoupa
balcon *m* to balkoni
balle *f* to balaki
ballon *m* i bala
banane *f* i banana
bande magnétique *f* i kassèta
banlieue *f* ta proastia
banque *f* i trapèza
bar *m* to bar
barbe *f* ta yènia
barbecue *m* to psissimo
barman *m* o barmane
barrière *f* o fraktisse
bas *mpl* i naïlone kaltsèsse
bas Ramilosse; **en bas** (*dans maison*) kato
bateau *m* to plio
bateau à rames *m* i varka mè koupia
bateau à voile *m* to istioploïko skafosse
bâtiment *m* to ktirio
batterie *f* i bataria
battre: se battre malono
baume après-shampoing *m* to kodissionère
beau orèousse; **il fait beau** èRi kalo kèro
beaucoup poli; **para poli;** **beaucoup (de)** pola
beau-fils *m* o Game-brosse

beau-frère *m* o Game-brosse
beau-père *m* (*père du conjoint*) o pèçèrosse
bébé *m* to moro
beige bèze
Belge o VèlGosse, i Vèle-yiDa
belge Vèle-yikosse
Belgique *f* to Vèle-yio
belle-fille *f* i nifi
belle-mère *f* (*mère du conjoint*) i pèçèra
béquilles *fpl* i patèritsèsse
besoin *m*: **j'ai besoin de . . .** Riazomè . . .
beurre *m* to voutiro
bibliothèque *f* i vivlioçiki
bicyclette *f* to poDilato
bien kala; **très bien !** kala !
bien que ane kè
bien sûr vèvèa
bientôt sidoma
bienvenue ! kalosse ilçatè !
bière *f* i bira
bijoux *mpl* ta kosmimata
bikini *m* to bikini
billet *m* to issitirio
billet de banque *m* to Rartonomisma
bizarre paraxènosse
blaireau *m* (*pour se raser*) to pinèlo ya xirisma
blanc asprosse
blanchisserie *f* to kaçaristirio
blessé trave-matizomè
blessure *f* i pliyi
bleu *m* (*sur la peau*) i mèlania
bleu (*adjectif*) blè; (*steak*) oRi poli psimèno
blond xane-çosse
bœuf *m* (*viande*) to mosRari
boire pino
bois *m* to xilo; (*forêt*) to Dassosse

boisson f to poto
boîte f to kouti
boîte à lettres f to Gramatokivotio
boîte de nuit f to naïte-klab
boîte de vitesses f to kivotio taRititone
bol m to bol
bombe f i vome-va
bon kalosse
bonbon m to Gliko
bonde f i tapa
bondé yèmatosse
bonjour ya sasse; (tu) ya sou
bon marché ftinosse
bonnet de bain m to skoufaki tou baniou
bonsoir kalispèra
bord m i akri; **au bord de la mer** koda stine paralia
botte f i bota
bottes de caoutchouc fpl i Galotsèsse
bottin m o tilèfonikosse kataloGosse
bouche f to stoma
bouché frakarismènosse
boucherie f o Rassapisse
bouchon m o fèlosse
boucles d'oreille fpl ta skoularikia
bouée f i simaDoura
bouger alazo çèssi; (quelque chose) mètakinoumè
bougie f to kèri; (de voiture) to bouzi
bouillir vrazo
bouillotte f i çèrmofora
boulangerie f o psomasse
boussole f i pixiDa
bouteille f to boukali
boutique hors taxes f to katastima aforolo-yitone

bouton m (de vêtement) to koubi; (sur la peau) i èlia
bracelet m to vraRioli
bras m to Rèri
brique f to touvlo
briquet m o anaptirasse
broche f i kafitsa
bronzage m to mavrisma apo tone ilio
bronzer mavrizo; **se faire bronzer** kano ilioçèrapia
brosse à dents f i oDoDovourtsa
brosse f i vourtsa
brouillard m i omiRli
bruit m i fassaria
brûler kèo
brûlure f to kapsimo
brushing m to stèGnoma malione
bruyant çorivoDisse
Bulgarie f i Voule-Garia
bureau m to Grafio
butagaz m to iGraèrio

ça afto; **ça va ?** possè païe ?; **ça va** ène-daxi
cabas m i tsane-da
cabine f i kabina
cabine téléphonique f o tilèfonikosse çalamosse
cacahuètes fpl ta fistikia
cacao m to kakao
cacher krivo; **se cacher** krivomè
cadeau m to Doro
cafard m (insecte) i katsariDa; **j'ai le cafard** Dène nioço poli kala

café m (*boisson*) o kafèsse; (*bistro*) to kafènio; **café au lait** o kafèsse mè Gala; **café soluble** to nèskafè

caféine f: **sans caféine** Rorisse kafèïni

cahier m to simiomatario

caisse f to tamio

calculette f to kobioutèraki

calendrier m to imèrolo-yio

calmer: se calmer irèmo

caméra f i kinimatoGrafiki miRani

camion m to fortiGo

camionnette f to troRospito

campagne f i èxoRi

camping m (*activité*) i kataskinossi; (*terrain*) to kame-bine-gue

Canada m o KanaDasse

canadien KanaDikosse

canal m to kanali

canard m i papia

canif m o souyiasse

canoë m i kano

caoutchouc m to lastiRo

capitaine m (*de bateau*) o kapètaniosse

capot m to kapo

car m to poulmane

caravane f to troRospito

carburateur m to karbiratère

carnet d'adresses m i adzène-da tone DièfE-çine-sèone

carotte f to karoto

carte f (*géographique*) o RartIsse; (*mets*) to mènou; **cartes** (*à jouer*) ta Rartia

carte de crédit f i pistotiki karta

carte d'embarquement f i karta èpivivassèosse

carte des vins f o kataloGosse krassione

carte de visite f i karta

carte d'identité f i taftotita

carte postale f i karte-postale

carton m to Rartoni

cascade f o kataraktisse

casquette f to kapèlo

cassé spasmènosse

casse-croûte m proRiro faïto

casser spao

casserole f i katsarola

cassette f i kassèta

cathédrale f o kaçèDrikosse naosse

catholique kaçolikosse

cauchemar m o èfialtisse

cause f i ètia; **à cause de** èxe ètiasse

ce, cette (*-ci*) aftosse, afti, afto; (*-là*) èkinosse, èkini, èkino

ceci aftosse, afti, afto

ceinture f i zoni

ceinture de sécurité f i zoni asfaliasse

célèbre Diassimosse

célibataire m o ère-yènisse

célibataire èlèfe-çèrosse

celui-ci, celle-ci aftosse/afti/afto èDo

celui-là, celle-là èkinosse, èkini, èkino

cendrier m to tassaki

centigrade kèlsiou

centre m to kène-dro

centre commercial m to ème-boriko kène-dro

centre-ville m to kène-dro tisse polisse

cerise f to kèrassi

certificat m to pistopiyitiko

ces (*-ci*) afti, aftèsse, afta; (*-là*) èkini, èkinèsse, èkina

FRANÇAIS-GREC

c'est ... inè ...
ceux-ci, celles-ci afti, aftèsse, afta
ceux-là, celles-là èkini, èkinèsse, èkina
chaîne f i alissiDa
chaise f i karèkla
chaise longue f i sèze longue
chaleur f i zèsti
chambre f to Domatio; chambre pour une personne to mono Domatio; chambre pour deux personnes to diplo Domatio
chambre à air f i sabrèla
chambre à coucher f to ipno-Domatio
champ m to Rorafi
champignons mpl ta manitaria
chance f i tiRi; bonne chance ! kali tiRi !
changer alazo; se changer alazo rouRa; changer de train alazo trèna
chanson f to traGouDi
chanter traGouDo
chapeau m to kapèlo
chaque kaçè
chariot m to 'trolley'
charter m i ptissi tsartère
chat m i Gata
château m to kastro
chaud zèstosse; il fait chaud kani zèsti
chauffage m i çèrmane-si
chauffage central m i kèdriki çèrmane-si
chaussettes fpl i kaltsèsse
chaussures fpl ta papoutsia
chauve falakrosse
chemin m to monopati

chemin de fer m o siDiroDromosse
chemise f to poukamisso
chemise de nuit f to niRtiko
chemisier m i blouza
chèque m i èpitayi
chèque de voyage m i taxiDiotiki èpitayi
chéquier m to karnè èpitaGone
cher (aimé) aGapitosse; (coûteux) akrivosse
chercher psaRno
cheval m to aloGo
cheveux mpl ta malia
cheville f o astraGalosse
chèvre f i katsika
chewing-gum m i tsiRla
chez: chez Kostas/Nana stone Kostasse/stine Nana
chien m o skilosse
chips fpl ta tsipse
choc m to sok
chocolat m i sokolata; chocolat au lait i sokolata Galaktosse; chocolat chaud i zèsti sokolata
choisir DialèGo
chômage m: au chômage anère-Gosse
chose f to praGma
chou m to laRano
chou-fleur m to kounoupiDi
Chvpre f i Kiprosse
ciel m o ouranosse
cigare m to pouro
cigarette f to tsiGaro
cimetière m to nèkrotafio
cinéma m to sinèma
cintre m i krèmastra
coincé frakarismènosse
cirage m to vèrniki

papoutsione

circulation f i kikloforia
ciseaux mpl to psaliDi
citron m to lèmoni
clair (évident) profanèsse;
bleu clair aniRkto blè
clé f to kliDi
clé anglaise f to kliDi
clignotant m to flasse
climat m to klima
climatisation f o
klimatismosse
climatisé klimatizomènosse
cloche f i kabana
clou m to karfi
club m i lèsse-Ri
cochon m to Gourouni
cocktail m to koktèïle
code de la route m o
koDikasse kikloforiasse
cœur m i karDia
coffre m to porte-bagaze
cognac m to koniak
coiffeur m (pour hommes) o
kourèasse; (pour femmes) i
komotria
coin m i Gonia
col m (de vêtement) o
yakasse; (de montagne) to
pèrasma
colis m to Dèma
collants mpl to kalsone
colle f i kola
collection f i siloyi
collier m to koliè
colline f o lofosse
collision f i sine-groussi
combien ? (nombre) possi ?;
(quantité) possa ?; (prix)
posso kani ?
commander (repas)
paraguèle-no
comme (de la même manière

que) sane; (parce que) osse;
comme ci comme ça ètsi ki
ètsi
commencer ar-Rizo
comment ? posse;
(pardon ?) siGnomi ?
commissariat m to
astinomiko tmima
compagnie aérienne f i
aèroporiki ètèria
compartiment m to koupè
complet m to koustoumi
compliment m i filofronissi
compliqué bèrDèmènosse
comprendre katalavèno
comprimé m i tablèta
compris: tout compris ola
pliromèna
comptant tisse mètritisse
compteur m to kone-dère
concert m i sinave-lia
concessionnaire m o
adiprossoposse aftokinitone
concombre m to agouri
conducteur m o oDiGosse
conduire oDiGo
confirmer èpivèvèono
confiture f i marmèlaDa
confortable anapaftikosse
congélateur f i katapsixi
connaître Gnorizo
conseiller sime-voulèvo
consigne f o Rorosse filaxisse
aposkèvone
constipé: je suis constipé èRo
Diskilia
consulat m to proxènio
contacter ère-Romè sè èpafi
content èftirismènosse
contraceptif m to profilaktiko
contractuel m o
troRonomosse
contre ènadione

coqueluche *f* o kokitisse

coquetier *m* i ave-ɢoçiki

coquillage *f* to kèlifosse

corde *f* to sʀini

cordonnier *m* o tsane-garisse

Corfou *f* i Kèrkira

corps *m* to soma

correct sostosse

correspondance *f (de trains)* i ane-dapokrissi

corridor *m* o ᴅiaᴅromosse

côte *f (rive)* i akti; *(du corps)* to plèvro

côté *m* i plèvra; **à côté de** ᴅipla apo

côtelette *f* i brizola

coton *m* to vame-vakèro

coton hydrophile *m* to vame-vaki

cou *m* o lèmosse

couche *f (de bébé)* i pana

coucher: aller se coucher pao ya ipno

coucher de soleil *m* i ᴅissi tou iliou

couchette *f* i koukèta

coude *m* o ane-gonasse

coudre ravo

couler *(bateau)* vouliazo

couleur *f* to ʀoma

coup: tout à coup xafnika

coup de soleil *m* to ène-gave-ma apo tone ilio

coupe de cheveux *f* to kourèma

coupe-ongles *m* o nirokoptisse

couper kovo

coupure de courant *f* i ᴅiakopi

courageux yènèosse

courant *m* to rève-ma

courant d'air *m* to rève-ma

courir trèʀo

courrier *m* to taʀiᴅromio

courroie du ventilateur *f* to louri tou vèᴅilatère

cours du change *m* i sinalaɢ-matiki issotimia

court liɢosse

cousin *m*, **cousine** *f* o xaᴅèlfosse, i xaᴅèlfi

couteau *m* to maʀèri

coûter kostizi; **ça coûte combien ?** posso kani ?

coutume *f* to èçimo

couvercle *m* to kapaki

couverts *mpl* ta marèropirouna

couverture *f* i kouvèrta

compris *(inclus)* sibèrilame-vanètè

crabe *m* to kavouri

crampe *f* i krame-ba

crâne *m* to kranio

cravate *f* i ɢravata

crayon *m* to molivi

crème *f* i krèma

crème *m (café)* o kafèsse mè ɢala

crème Chantilly *f* i sadiyi

crème de beauté *f* i krèma prossopou

crème démaquillante *f* to ɢalaktoma kaçarismou

crème hydratante *f* i iᴅatiki krèma

crêpe *f* i krèpa

Crète *f* i Kriti

crevaison *f* i tripa sto lastiʀo

crevette *f* i ɢariᴅa

cric *m* o ɢrilosse

crier xèfonizo

crise cardiaque *f* i karᴅiaki prosse- voli

croire pistèvo

croisement *m* i Diastave-rossi
croisière *f* i krouazièra
cru omosse
crustacés *mpl* ta ostraka
cuiller *f* to koutali
cuir *m* to Dèrma
cuire psino
cuisine *f* i kouzina; **faire la cuisine** mayirèvo
cuisinier *m* o mayirosse, i mayirissa
cuisinière *f (appareil)* i kouzina
cuit: trop cuit poli mayirèmèno; **mal cuit** Dène kala mayirèmènosse; **bien cuit** kalopsimènosse
cyclisme *m* i poDilassia
cycliste *m/f* o poDilatisse

D

daim *m* kastori
dame *f* i kiria
danger *m* o kine-Dinosse
dangereux èpikine-Dinosse
dans mèssa
danser RoRèvo
date *f* i imèrominia
de *(appartenance)* tou; **le propriétaire de la voiture** o iDioktikisse tou aftokinitou; **de Rhodes à Athènes** apo tine RoDosse stine AÇina; **du vin/de la farine/des biscuits** liGo krassi/alèvri/biskota; **avez-vous du beurre/des bananes ?** èrètè kaçolou boutiro/bananèsse ?
début *m* i ar-Ri

débutant *m* o ar-Rariosse
décembre o Dèkème-vriosse
décider apofassizo
décoller apo-yionomè
déçu apoGoïtève-mènosse
déesse *f* i çèa
défaire: défaire ses valises aniGo tisse valitsèsse
défectueux èlato-matikosse
défendu apaGorève-mènosse
dégâts *mpl* i zimia
dégoûtant apèssiosse
dehors èxo; **dehors !** èxo !
déjà iDi
déjeuner *m* to yève-ma
delco *m* to distribitère
délicieux nostimotatosse
demain avrio
demander roto
démangeaison *f* i faGoura
démaquillant *m* kaçaristiko Dèrmatosse
demi: un demi-litre/une demi-journée misso litro/missi mèra; **une demi-heure** missi ora
demi-pension *f* demi-panesione
dent *f* to Done-di
dentier *m* i massèla
dentifrice *f* i oDodokrèma
dentiste *m* o oDone-doyatrosse
déodorant *m* to aposmitiko
départ *m* i anaRorissi
dépêcher: se dépêcher viazomè; **dépêchez-vous !** viassou !
dépendre: ça dépend èxartatè
dépenser xoDèvo
dépliant *m* to Diafimistiko
dépression *f* o nève-rikosse klonismosse

FRANÇAIS-GREC

déprimé çlimènosse
depuis (que) apo
déranger ènoRlo; **ça vous dérange si je . . .** ça sè pirazè ane . . .
déraper Glistro
dernier tèlèftèosse; **l'année dernière** pèrsi
derrière m *(du corps)* o kolosse
derrière pisso
des *(voir DE)*
désagréable Dissarèstosse
désastre m i katastrofi
descendre katèvèno
désinfectant m *(pour blessure)* to adissiptiko
desolé: je suis désolé lipamé, siGnomi
dessert m to Glikisma
dessous apo kato
détendre: se détendre xèkourazome
détester misso
devant brosta apo
développer *(pellicule)* èmefanizo
devenir yinomè
devoir: je dois/elle doit prèpi na
diabétique m o Diavitikosse
dialecte m i Dialèktosse
diamant m to Diamane-di
diapositive f to slaïde
diarrhée f i Diaria
dictionnaire m to lèxiko
Dieu m o çèosse
différent Diaforètikosse
difficile Diskolosse
dimanche m Kiriaki
dinde f i Galopoula
dîner m to Dipe-no
dîner tro-o

dire lèo
direct katèfe-çiane
direction f katèfe-çine-si; *(de voiture)* to timoni
discothèque f i diskotèke
disparaître èxafanizomè
disquaire m to Diskadiko
disque m o Diskosse
disque compact m to Ci-Di
dissolvant m to assètone
distance f i apostassi
divorcé Rorismènosse
docteur m o yatrosse
document m to ène-Grafo
doigt m to Dartilo
dommage: c'est dommage inè krima
donner Dino
dont tou opiou
dormir kimamè
dos m i plati
douane to tèlonio
double Diplo
doubler *(en voiture)* prospèrno
douche f to douze
douleur f o ponosse
douloureux oDinirosse
doux *(au toucher)* apalosse; *(au goût)* Glikosse
drap m to sèdoni; **les draps de lit** ta sèdonia
drapeau m i simèa
drogue f ta narkotika
droit: tout droit issia brosta
droite: à droite sta Dèxia
drôle *(bizarre)* paraxènosse; *(amusant)* astiosse
du *(voir DE)*
dunes fpl i amolofi
dur sklirosse
duvet m to paploma

65

E

eau *f* to nèro
eau de Javel *f* to Rarpik (R)
eau de toilette *f* i kolonia
eau minérale *f* to mètaliko nèro
eau potable *f* to possimo nèro
échanger ane-dalasso
écharpe *f* to kaskole
échelle *f* i skala
école *f* to sRolio
école de langues *f* i sRoli xènone Glossone
écouter akouo
écrire Grafo
écrou *m* to paximaDi
église *f* i èklissia
élastique *m* to lastiRaki
élastique èlastikosse
électricité *f* to ilèktriko rèvema
électrique ilèktrikosse
elle afti; tine (*voir grammaire*)
elles aftèsse (*voir grammaire*)
emballer tiliGo
embouteillage *m* i kikloforiaki sime-forissi
embranchement *m* i DiaklaDossi
embrasser filo
embrayage *m* o siblèktisse
emmener (*en voiture*) piyèno
emporter pèrno; **à emporter** ya to spiti
emprunter DanizomË
en: en France stine Galia; **en français** sta Galika; **en 1945** to 1945; **je vais en**

France pao stine Galia; **en voiture** mè aftokinito
enceinte ène-guiosse
enchanté ! Rarika !
encore (*de nouveau*) xana; (*toujours*) akomi; **encore une bière** ali mia bira; **encore plus beau** akoma pio omorfosse; **pas encore** oRi akomi
endormi: elle est endormie kimatè
enfant *m* to pèDi
enfin èpitèlousse
enflé prismènosse
enlever pèrno
ennuyeux (*désagréable*) ènoRlitikosse; (*lassant*) varètosse
enregistrement des bagages *m* to tchèke-ine
enrhumé: je suis enrhumé imè kriomènosse
enseignant *m* o Daskalosse
enseigner DiDasko
ensemble mazi
ensoleillé ilioloustosse
ensuite mèta
entendre akouo
enterrement *m* i kiDia
entier oloklirosse
entonnoir *m* to Roni
entre mètaxi
entrée *f* i issoDosse; (*de repas*) to proto piato
entrer bèno; **entrer dans** bèno; **entrez !** pèrastè
enveloppe *f* o fakèlosse
envie: j'ai envie de ça içèla
environ pèripou
envoyer stèlno
épais paRisse
épaule *f* o omosse
épice *f* to baRariko

épicerie f to bakaliko
épileptique o èpiliptikosse
épingle f i karfitsa
épingle de nourrice f i paramana
épinards mpl to spanaki
épouvantable apèssiosse, fovèrosse
équipage m to pliroma
équipe f i omaDa
équitation f i ipassia
erreur f to laçosse
escalier m i skalèsse
escargot m to saline-gari
Espagne i Ispania
espérer èlpizo
esquimau m (glace) to pagoto xilaki
essayer Dokimazo
essence f i vène-zini
essieu m o axonasse
essuie-glace m o yalokaçaristirasse
est m i anatoli; **à l'est de** anatolika apo
estomac m to stomari
et kè
étage m o orofosse
étang m i limnoula
état m i politia
Etats-Unis mpl Inomènèsse Politièsse
été m to kalokèri
éteindre klino
étendre: s'étendre aplono; (se reposer) xaplono
éternuer ftèrnizomè
étiquette f i ètikèta
étoile f to astèri
étonnant èkpliktikosse
étranger m o xènosse; **à l'étranger** sto èxotèriko
étranger xènosse

être imè (voir grammaire)
étroit stènosse
étudiant(e) m/f o fititisse, i fititria
eurochèque m to Eurochèque
Europe f i Eve-ropi
européen Eve-ropaïkosse
eux aftousse (voir grammaire)
évanouir: s'évanouir lipoçimo
évident profanisse
évier m o néroritisse
exagérer ipèrvalo
excédent de bagages m to ipèrvaro
excellent èxorosse
excursion f to taxiDi
excuser: s'excuser zito siG-nomi; **excusez-moi** lipamè
exemple m to paraDiGma; **par exemple** paraDiGma-tosse Rari
exiger apèto
expliquer èxiGo
exposition f i èke-çèssi
exprès (délibérément) èpitiDèsse; **par exprès** èxprèsse
extincteur m o pirosse-vèstirasse
eye-liner m to 'eye-liner'

face: en face de apènadi apo
fâché çimomènosse
facile èfe-kolosse
facteur m o tariDromosse

faible aDinatosse
faim: j'ai faim pino
faire kano; **ça ne fait rien**
Dène pirazi
falaise f o apotomosse
vraRosse
famille f i ikoyènia
farine f to alèvri
fatigué kourasmènosse
fauché: je suis fauché imè
apèdarosse
faute f: **c'est de ma/sa faute**
èGo ftèo/aftosse/afti ftèï
fauteuil roulant m i anapiriki
poliçe-rona
faux laçosse
félicitations ! siRaritiria !
féministe f i fèministria
femme f i yinèka
femme de chambre f i
kamarièra
fenêtre f to paraçiro
fer m to siDèro
fer à repasser m to ilèktriko
siDèro
ferme f to aG-roktima
fermé klistosse
fermer klino; **fermer à clé**
kliDono
fermeture éclair f to fèrmou-
ar
ferry-boat m to fèribote
fête f i parti
feu m i fotia; **avez-vous du**
feu ? èRètè fotia ?
feuille f to filo
feux arrière mpl ta pisso fota
feux d'artifice mpl ta
pirotèRe-nimata
feux de position mpl ta
Ramila fota
feux de signalisation mpl ta
fanaria tisse troRè-asse

février o Fèvrou-ariosse
fiancé m, **fiancée** f o
aravonia-stikosse, i
aravonia-stikia
fiancé aravoniasmènosse
ficelle f to sRini
fier ipèrifanosse
fièvre f o pirètosse
fil m i klosti
fil de fer m to sirma
filet m (viande) to filèto
fille f to koritsi; (de parents) i
kori
film m to film
fils m o yosse
filtre m to filtro
fin f to tèlosse
fin omorfosse
finir tèliono
flash m to flasse
fleur f to loulouDi
fleuriste m o ane-çopolisse
flirter flèRtaro
foie m to sikoti
foire f to paniyiri
fois f i fora; **une fois** mia
fora; **chaque fois** kaçè fora
fond m o viçosse; **au fond**
de sto vaçosse
fond de teint m i fodatène
fontaine f i piyi
football m to poDosfèro
forêt f to Dasosse
forme: en forme
yimnasmènosse
formulaire m i ètissi
fort Dinatosse
fou trèlosse
foulard m to madili
foule f o kosmosse
fouler: je me suis foulé la
cheville straboulixa to poDi
mou

four *m* o fournosse
fourchette *f* to pirouni
fourmi *f* to mirmigui
fracture *f* to kataGma
frais frèskosse; (*temps*) Drossèrosse
fraise *f* i fraoula
framboise *f* to vatomouro
français Galikosse; (*langage*) ta Galika
Français *m* o Galosse; les Français i Gali
Française *f* i GaliDa
France *f* i Galia
frapper Rtipo
frein *m* to frèno
frein à main *m* to Rirofrèno
freiner frènaro
frère *m* o aDère-fosse
frigo *m* to psiyio
frire tiGanizo
frites *fpl* i tiGanitèsse patatèsse
froid kriosse; **il fait froid** kani krio
fromage *m* to tiri
front *m* to mètopo
frontière *f* ta sinora
fruits *mpl* ta frouta
fruits de mer *mpl* ta çalassina
fuite *f* i Diaroï
fumée *f* o kape-nosse
fumer kape-nizo
fumeurs kape-nizone-dèsse
furieux poli çimomènosse
fusible *m* i asfalia
fusil *m* to toufèki
futur *m* to mèlone

G

gagner kère-Dizo
galerie *f* (*de voiture*) i sRara aftokinitou
gants *mpl* ta Gane-dia
garage *m* (*atelier*) to sinèryio; (*essence*) to vène-zinaDiko; (*parking*) to garaze
garantie *f* i ène-gui-issi
garçon *m* (*enfant*) to aGori; (*serveur*) o sèrvitorosse, to garsone
garder krato
gare *f* o staçe-mosse
garer: se garer parkaro
gare routière *f* to praktorio lèoforione
gas-oil *m* to dizèle
gâteau *m* to kèïk
gauche: à gauche prosse t'aristèra
gaucher aristèro-Rirasse
gaz *m* to gazi
gazeux mè ane-çrakiko
gel *m* o payètosse
gênant prosse-vlitikosse
genou *m* to Gonato
gens *mpl* i ane-çropi, o kosmosse
gentil èvièmikosse
gibier *m* to kiniyi
gilet *m* i zakèta
gin *m* to tzine
gin-tonic *m* to tzine mè tonik
glace *f* (*eau gelée*) o paGosse; (*à manger*) to paGoto
glaçon *m* to paGaki
glissant Glistèrosse
golf *m* to golf
gomme *f* i svistra**

gorge *f* o lèmosse
goût *m* i yèfe-si
goûter Dokimazo
goutte *f* i staGona
gouvernement *m* i kivèrnissi
grammaire *f* i Gramatiki
grand mèGalosse
Grande-Bretagne *f* i Brètania
grand magasin *m* to mèGalo
  katastima
grand-mère *f* i yaya
grand-père *m* o papousse
gras *m* to paRosse
gras liparosse
gratuit DoRèane
grec Elinikosse; *(langue)* ta
  Elinika; **en grec** sta Elinika
Grec *m* o Elinasse
Grèce *f* i ElaDa
Grecque *f* i EliniDa
grillé psitosse sti sRara
grippe *f* i Gripi
gris Grizosse
gros paRisse
grossier ayènisse
grotte *f* i spilia
groupe *m* to groupe
groupe sanguin *m* i omaDa
  èmatosse
guêpe *f* i sfine-ga
guerre *f* o polèmosse
gueule de bois *f* o
  ponokèfalosse
guichet *m* i çiriDa; *(théâtre)*
  to tamio
guide *m* to xènaGosse; *(livre)*
  o touristikosse oDiGosse
guide de conversation *m* to
  vivlio DialoGone
guitare *f* i kiçara

habiller dino; **s'habiller**
  dinomè
habiter mèno
habitude *f* i siniçia;
  d'habitude siniçosse
habituel siniçisse-mènosse
hache *m* to tsèkouri
hamburger *m* to Rame-
  bourgère
hanche *f* o Gofosse
handicapé anapirosse
haricots *mpl* ta fassolia;
  haricots verts ta
  fassolakia
hasard: par hasard kata tiRi
haut psilosse; **en haut** stine
  korifi; *(en maison)* pano
hélicoptère *m* to èlikoptèro
hémorroïdes *fpl* i
  èmoroïDèsse
herbe *f* to Rortari
heure *f* i ora; **quelle heure**
  est-il ? ti ora inè ?; **à**
  l'heure stine ora tou
heureusement èftiRosse
heureux èftirismènosse
hier RÇèsse
histoire *f* i istoria
hiver *m* o Rimonasse
hobby *m* to Robi
Hollandais OlaDosse
Hollande *f* i OlaDia
homard *m* o astakosse
homme *m* o ane-drasse
homosexuel omofilofilosse
honnête timiosse
honte: j'ai honte drèpomè
hôpital *m* to nossokomio
hoquet *m* o loxiGasse

FRANÇAIS-GREC

horaire *m* to proGrama
horloge *f* to roloï
horrible friktosse
hors-bord *m* i varka mè mirani
hors taxes ta aforolo-yita
hospitalité *f* i filoxènia
hôtel *m* to xènoDorio
hôtesse de l'air *f* i aèrossinoDosse
huile *f* ta laDia; (*pour salade*) to laDi
huile d'olive *f* to èlèolaDo
huile solaire *f* to laDi mavrismatosse
huître *f* to striDi
humeur *f* i DiaÇèssi
humide iGrosse
humour *m* to Rioumor

ici èDo
idée *f* i iDèa
idiot *m* o vlakasse
il aftosse (*voir grammaire*)
île *f* to nissi
ils afti (*voir grammaire*)
immédiatement amèssose
imperméable *m* i kabardina
important spouDèosse
impossible aDinatosse
imprimé *m* ta ène-dipa
incroyable apiÇanosse
indépendant anèxartitosse
indicatif *m* (*téléphonique*) o koDikosse ariÇe-mosse
indigestion *f* i Dispèpsia
industrie *f* i viomiRania
infection *f* i moline-si

infirmière *f* i nossokoma
innocent aÇo-osse
insecte *m* to ène-domo
insolation *f* i iliassi
insomnie *f* i a-ipnia
instrument de musique *m* to moussiko orGano
insupportable adipaÇitikosse; (*climat*) Dissarèstosse
intelligent èxipnosse
interdit apaGorève-mènosse
intéressant ène-diafèrone
intérieur *m*: **à l'intérieur (de)** mèssa
interrupteur *m* o Diakoptisse
intoxication alimentaire *f* trofiki Dilitiriassi
invitation *f* i prosklissi
invité *m* o filoxènoumènosse
inviter proskalo
Irlande *f* i Irlane-Dia
Italie *f* i Italia
italien Italosse
itinéraire *m* i poria
ivre mèÇismènosse

jaloux ziliarisse
jamais potè; **avez-vous jamais ... ?** èrètè potè ... ?
jambe *f* to poDi
jambon *m* to zame-bone
janvier o I-anouariosse
jardin *m* o kiposse
jauge *f* o Diktisse
jaune kitrinosse
jazz *m* i tzaze
je èGo (*voir grammaire*)
jean *m* ta tzine-se

jeter riRno; *(à la poubelle)* pèto
jeu *m* to pèRniDi
jeudi i Pème-di
jeune nèosse
jeunes *mpl* i nèï
jogging *m* to tzo-gine-gue; **faire du jogging** kano tzo-gine-gue
joli orèosse
jouer pèzo
jouet *m* to père-niDi
jour *m* i mèra
jour férié *m* i ar-yièsse
journal *m* i èfimèriDa
journée *f* i mèra
juif èvrèosse
juillet o Youliosse
juin o Youniosse
jumeaux *mpl* i DiDimi
jupe *f* i fousta
jus *m* o Rimosse
jusqu'à (ce que) mèRe-ri
juste *(équitable)* Dikèosse; *(exact)* sostosse

kilo *m* to kilo
kilomètre *m* to Riliomètro
klaxon *m* to klaxone
kleenex *mpl* (R) ta Rartomadila

la o, i, to; *(objet)* tine *(voir grammaire)*
là èki

là-bas èki; *(en bas)* èki kato
lac *m* i limni
lacets *mpl* ta korDonia papoutsione
là-haut èki pano
laid asrimosse
laine *f* to mali
laisser èpitrèpo; *(abandonner)* afino
lait *m* to Gala
lait solaire *m* to laDi mavrismatosse
laitue *f* to marouli
lame de rasoir *f* to xirafaki
lampe *f* i lame-ba
lampe de poche *f* o fakosse
lancer riRno
landau *m* to karotsaki
langouste *f* i karaviDa
langoustine *f* i GariDa
langue i Glossa
lapin *m* to kounèli
laque *f* i lak
lard *m* to bèïkone
large platisse
lavabo *m* o niptirasse
laver plèno; **se laver** plènomè
laxatif *m* to kaçartiko
le o, i, to; *(objet)* tone *(voir grammaire)*
leçon *f* to maçima
lecteur de cassettes *m* to kassètofono
léger èlafrosse
légumes *mpl* ta laranika
lent arGosse
lentement siGa-siGa
lentilles de contact *fpl* i faki èpafisse
lentilles dures *fpl* i skliri faki
lentilles semi-rigides *fpl* i imiskliri faki èpafisse

FRANÇAIS-GREC

lentilles souples *fpl* i malaki faki
les i, i, ta; *(objet)* tousse, tisse, ta *(voir grammaire)*
lessive *f* *(en poudre)* i skoni plidiriou; **faire la lessive** vazo bouGaDa
lettre *f* to Grama
leur *(possessif)* o/i/to . . . tousse; *(pronom)* tousse, tisse, ta; **le/la leur** Dikosse tousse *(voir grammaire)*
lever: se lever sikonome
levier de vitesses *m* o levièsse taRititone
lèvre *f* to Rili
librairie *f* to vivliopolio
libre èlèfe-çèrosse
lime à ongles *f* i lima niRione
limitation de vitesse *f* to orio taRititasse
limonade *f* i lèmonaDa
linge sale *m* i bouGaDa
liqueur *f* to likère
lire Diavazo
liste *f* o kataloGosse
lit *m* to krèvati; **lit pour une personne/deux personnes** to mono/Diplo krèvati
lit de camp *m* to rane-tzo
lit d'enfant *m* i kounia
litre *m* to litro
lits superposés *mpl* i koukètèsse
living *m* to kaçistiko
livre *m* to vivlio
location de voitures *f* i ènikiassi aftokinitone
locomotive *f* i miRani
logement *m* i Diamoni
loger mèno
loi *f* o nomosse
loin makria; **plus loin**

parapèra
long makrisse
longtemps polisse kèrosse
longueur *f* to mikosse
lorsque otane
louer nikiazo; **à louer** ènikiazètè
lourd varisse
loyer *m* to ènikio
lui tone; tine *(voir grammaire)*
lumière *f* to fosse
lundi i Dèftèra
lune *f* to fène-gari
lunettes *fpl* ta yalia
lunettes de soleil *fpl* ta yalia iliou

M: M Dumas o kiriosse Dumas
ma o/i/to . . . mou *(voir grammaire)*
machine à écrire *f* i GrafomiRani
machine à laver *f* to plidirio
macho macho
mâchoire *f* to saGoni
Madame i kiria; **Madame . . .** kiria . . .; **pardon madame** siGnomi kiria
Mademoiselle i DespiniDa
magasin *m* to maGazi
magazine *m* to pèrioDiko
magnétoscope *m* to vidèo
mai o Maïosse
maigre kokaliarisse
maillot de bain *m* to maïo
main *f* to Rèri
maintenant tora
mairie *f* to Dimar-Rio

mais ala
maison *f* to spiti; **à la maison** sto spiti; **fait maison** spitissiosse
mal (*adverbe*) asrima; **ça fait mal** ponaï; **j'ai mal à la gorge** ponaï o lèmosse mou; **faire mal** travematizomè; **je me sens mal** Dène nioço kala
malade arostosse
maladie *f* arostia
maladie vénérienne *f* to afroDissio nossima
mal à la tête *m* o ponokèfalosse
mal de dents *m* o ponoDonedosse
mal de mer: j'ai le mal de mer mè piani i çalassa
mal du pays: j'ai le mal du pays nostalco to spiti mou
malentendu *m* i parèxiyissi
malheureusement DistiRosse
maman *f* i mama
manger tro-o
manquer: tu me manques mou lipisse
manteau *m* to palto
maquillage *m* to mëïk-ape
marchand de légumes *m* o manavisse
marchand de vins *m* to potopolio
marché *m* i aGora
marche arrière *f* i opisse-çène
marcher pèrpato; **ça ne marche pas** Dène Doulèvi
mardi i Triti
marée *f* i paliria
margarine *f* i marGarini
mari *m* o siziGosse
mariage *m* o Gamosse

marié (*homme*) padrèmènosse; (*femme*) padrèmèni
marron *m* to kastano
marron kafè
mars o Martiosse
marteau *m* to sfiri
mascara *m* i maskara
match *m* to matse
matelas *m* to stroma
matin *m* to proï
mauvais kakosse
maux d'estomac *mpl* o ponosse sto stomaRi
mayonnaise *f* i mayonèza
me èmèna, mè (*voir grammaire*)
mécanicien *m* o miRanikosse
médecin *m* o yatrosse
médicament *m* to farmako
Méditerranée *f* i Mèssoyiosse
méduse *f* i tsouRtra
meilleur: le meilleur o kalitèrosse; **meilleur que** o kalitèrosse apo
mélanger anakatèvo
melon *m* to pèponi
même (*identique*) iDiosse; **même les hommes/même si** akoma kè i adrèsse/akoma ki ane; **moi/lui-même** o iDiosse
mentir lèo psèmata
menton *m* to piGouni
menu *m* to menou; (*du jour*) 'table d'hôte'
mer *f* i çalassa
merci èfe-Raristo
mercredi i Tètarti
mère *f* i mitèra
merveilleux çave-massiosse
mes i/i/ta ... mou (*voir grammaire*)

message *m* to minima
messe *f* i litouryia
métal *m* to mètalo
météo *f* to mètèoroloyiko Dèltio
mètre *m* to mètro
métro *m* o ipoyosse
mettre vazo
meubles *mpl* ta èpipla
midi to mèssimèri
miel *m* to mèli
mien: le mien, la mienne Dikosse mou
mieux kalitèrosse
milieu *m* i mèssi
mince lèptosse; *(personne)* aDinatosse
minuit ta mèssanirta
minute *f* to lèpto
miroir *m* o kaçe-rèftisse
Mlle i Dèspinida
Mme i Kiria
mode *f* i moDa; **à la mode** tisse moDasse
moderne modèrnosse
moins liGotèrosse; **au moins** toula-Ristone
mois *m* o minasse
moitié *f* missosse
mon o/i/to . . . mou *(voir grammaire)*
monde *m* o kosmosse; **tout le monde** oli
moniteur *m*, **monitrice** *f* o Daskalosse, i Daskala
monnaie *f* ta psila
monsieur: Monsieur . . . o kiriosse . . . ; **pardon monsieur** siGnomi kiriè
montagne *f* to vouno
monter anèvèno
montre *f* to roloï
montrer Dirno

monument *m* to mnimio
moquette *f* i mokèta
morceau *m* to komati
mort *f* o çanatosse
mort pèçamènosse
mot *m* i lèxi
moteur *m* i mirani
moto *f* i motossiklèta
mouche *f* i miGa
mouchoir *m* to madili
mouette *f* o Glarosse
mouillé iGrosse
moules *fpl* ta miDia
mourir pèçèno
mousse à raser *f* o afrosse xirismatosse
moustache *f* to moustaki
moustique *m* to kounoupi
moutarde *f* i moustar-Da
mouton *m* to provato
mur *m* o tirosse
mûr orimosse
mûre *f* to vatomouro
muscle *m* o misse
musée *m* to moussio
musée d'art *m* i pinakoçiki
musique *f* i moussiki
musique classique *f* i klassiki moussiki
musique folklorique *f* i Dimotiki moussiki
musique pop *f* i moussiki pop
myope miopasse

nager kolibo
naître: je suis né en 1963 yèniçika to 1963

nappe *f* to trapèzo-madilo
natation *f* to kolibi
nationalité *f* i èçe-nikotita
nature *f* i fissi
naturel fissikosse
nécessaire anaguèo
négatif *m* to arnitiko
neige *f* to Rioni
nerveux nèvrikosse
nettoyer kaçarizo
neuf kènouriosse
neveu *m* o anipsiosse
névrosé nève-rotikosse
nez *m* i miti
ni ... ni ... outè ... outè ...
nièce *f* i anipsia
Noël ta Ristouyèna; **joyeux Noël !** kala Ristouyèna !
noir mavrosse
noir et blanc mavro-asprosse
noix *f* to kariDi
nom *m* to onoma
nom de famille *m* to èpiçèto
nom de jeune fille *m* to patriko
non oRi
non-fumeurs mi kape-nizone-dèsse
nord *m* o vorasse; **au nord de** voria apo
normal fissioloyikosse
note *f* (*addition*) o loGariasmosse
notre o/i/to ... masse (*voir grammaire*)
nourriture *f* to faïto
nous èmisse; (*objet*) masse (*voir grammaire*)
nouveau nèosse; **de nouveau** xana
Nouvel An *m* to nèo ètosse
nouvelles *fpl* ta nèa

novembre o Noème-vriosse
nu yimnosse
nuage *m* to sinèfo
nuageux sinèfia-smènosse
nuit *f* i niRta; **bonne nuit** kaliniRta
nulle part pouçèna
numéro *m* o ariçe-mosse
numéro de téléphone *m* o ariçe-mosse tilèfonou

O

objectif *m* (*d'appareil-photo*) o fakosse
objets trouvés *mpl* to Grafio apolèsse-çèdone
obtenir pèrno
obturateur *m* to DiafraGma
occasion: d'occasion apo Dèftèro Rèri
occupé katilimènosse; (*personne*) polissiRnastosse
occuper: s'occuper de asse-Roloume
octobre o Oktovriosse
odeur *f* i miroDia
œil *m* to mati
œuf *m* to ave-Go; **œuf dur** ave-Go sfir-to; **œuf à la coque** ave-Go mèlato
offrir prosfèro
oie *f* i Rina
oignon *m* to krèmiDi
oiseau *m* to pouli
olive *f* i èlia
ombre *f* i skia
ombre à paupières *f* i skia matione
omelette *f* i omèlèta
on: on dit que ... lènè oti

...; **on vous demande**
sasse zitanè
oncle *m* o çiosse
ongle *m* to niʀi
opéra *m* i opèʀa
opération *f* i ène-ʀirissi
opticien *m* o optikosse
optimiste èssioᴅoxosse
or *m* o ʀissosse
orage *m* i çièla
orange *f* to portokali
orange portokali
orchestre *m* i oʀ-ʀistra
ordinateur *m* o ipoloyistisse
ordonnance *f* i sidayi
ordures *fpl* ta skoupiᴅia
oreille *f* to afti
oreiller *m* to maxilari
organiser oʀɢanono
orteil *m* to ᴅartilo tou poᴅiou
os *m* to kokalo
oser tolmo
ou i
où pou
oublier xèʀe-no
ouest *m* i ᴅissi; **à l'ouest de**
ᴅitika apo
oui nè
outil *m* to èʀe-ɢalio
ouvert aniktosse
ouvre-boîte *m* to aniʀtiri
ouvre-bouteille *m* to aniʀtiri
ouvrir aniɢo

page *f* i sèliᴅa
pain *m* to psomi; **pain
blanc/complet** to
aspro/mavro psomi
paire *f* to zève-ɢari

palais *m* to palati
pamplemousse *m* to grèïpe-
froute
panier *m* to kalaçi
panique *f* o panikosse
panne *f* i vlavi
panneau de signalisation *m* i
pinakiᴅa
pansement *m* o èpiᴅèsmosse
pansement adhésif *m* to lèfe-
koplaste
pantalon *m* to padaloni
pantoufles *fpl* i padoflèsse
papa *m* o babasse
papeterie *f* to ʀartopolio
papier *m* to ʀarti
papier à lettres *m* to ʀarti
aliloɢrafiasse
papier collant *m* to sèlotèïpe
papier d'aluminium *m* to
aloumino-ʀarto
papier d'emballage *m* to
ʀarti pèritiliɢmatosse
papier hygiénique *m* ʀarti
iyiasse
papillon *m* i pètalouᴅa
Pâques *fpl* to Passe-ʀa
paquet *m* to pakèto
par mè; (*à travers*) ᴅia
mèssou; **par semaine** tine
ève-ᴅomaᴅa
parapluie *m* i obrèla
parc *m* to parko
parce que èpiᴅi
pardon siɢnomi
pare-brise *m* to parbrize
pare-chocs *m* o
profilaktiʀasse
pareil o iᴅiosse
parents *mpl* i sine-guènnisse;
(*père et mère*) i ɢonisse
paresseux tèbèlisse
parfait tèliosse

parfois kamia fora

parfum *m* to aroma

parking *m* to parking

parler milo

parmi anamèssa

partager mirazomè

partie *f* to mèrosse

partir fève-GO

partout padou

pas Dène; **je ne suis pas fatigué** Dène imè kourasmènosse; **pas pour moi** ORI ya mèna

passage à niveau *m* i issopèDi Diavassi

passage clouté *m* i Diavassi pèzone

passager *m* o èpivatisse

passeport *m* to Diavatirio

passionnant sinarpastikosse

pastilles pour la gorge *fpl* i pastilièsse lèmou

pâté *m* to patè

pâtes *fpl* ta zimarika

pâtisserie *f* (*gâteau*) to kèïk; (*magasin*) to zararoplastio

patron *m* to afène-diko

pauvre ftoRosse

payer plirono

pays *m* i Rora

paysage *m* to topio

PCV *m* to tilèfonima kolèkte

peau *f* to Dèrma

pêche *f* (*fruit*) to roDakino; (*au poisson*) to psarèma

pédale *f* to pètali

peigne *m* i Rtèna

peindre (*murs*) vafo; (*tableaux*) zoGrafizo

pelle *f* to ftiari

pellicule couleur *f* to ène-Romo film

pelouse *f* to GrassiDi

pendant kata ti Diarkia; **pendant que** èno

pénicilline *f* i pènikilini

pénis *m* to pèosse

penser skèptomè

pension *f* i pane-sione

pension complète *f* foule pane-sione

perdre Rano

père *m* o patèrasse

permanente *f* i pèrmanade

permettre èpitrèpo

permis *m* i aDia

permis èpitrèpètè

permis de conduire *m* i aDia oDiyissèosse

personne *f* to atomo

personne (*nul*) kanènasse

petit mikrosse

petit déjeuner *m* to proïno

petit pain *m* to psomaki

petits pois *mpl* ta bizèlia

peu: **un peu (de)** liGo; **peu de touristes** liyi touristèsse

peur *f* o fovosse; **j'ai peur (de)** fovamè

peut-être issosse

phallocrate *m* o falokratisse

phare *m* (*tour*) o farosse

phares *mpl* (*de voiture*) i provolisse

pharmacie *f* to farmakio

photographe *m* o fotoGrafosse

photographie *f* i fotoGrafia

photographier vGazo fotoGrafia

photomètre *m* to fotomètro

pickpocket *m* o portofolasse

pièce de théâtre *f* to çèatriko èRGo

pièces de rechange *fpl* ta adalaktika

pied *m* to poDi; **à pied** mè ta poDia

pierre *f* i pètra

piéton *m* o pèzosse

pile *f* i bataria

pilote *m* o pilotosse

pilule *f* to Rapi; (*contraception*) to adissiliptiko

pince *f* i pène-sa

pince à épiler *f* to sibiDaki

pince à linge *f* to madalaki

pince à ongles *f* o niROkoptisse

pinceau *m* to pinèlo

ping-pong *m* to ping-pong

pipe *f* i pipa

piquant kaftèrosse

pique-nique *m* to pik-nik

piquer tsibo

piqûre *f* ènèssi; (*d'insecte*) to tsibima

pire RirotèRosse; **le pire** o RirotèRosse

piscine *f* i pissina

pizza *f* i pitsa

place *f*(*siège*) i çèssi; (*esplanade*) i platia

plafond *m* to tavani

plage *f* i paralia

plaindre: se plaindre paraponoumè

plaire: ça me plaît mou arèssi

plaisanterie *f* to astio

plan *m* o Rartisse; (*projet*) to sRèDio

planche à voile *f* to windsurf

plancher *m* to patoma

plante *f* to fito

plaque minéralogique *f* i pinakiDèsse

plastique: en plastique plastikosse

plat *m* to piato

plat èpipèDosse

plateau *m* o Diskosse

platine to pikape

plein yèmatosse

pleurer klèo

pleuvoir vRèRi; **il pleut** vRèRi

plombage *m* to sfrayisma

plombier *m* o iDrave-likosse

plongée sous-marine *f* i kataDississe

plonger vouto

pluie *f* i vroRi

plupart: la plupart (de) to pèrissotèro

plus (*davantage*) pèrissotèro; **il n'y en a plus** Dène ipar-Ri alo

plusieurs arkèti

plutôt malone

pneu *m* to lastiRo

pneu de rechange *m* i rèzèrva

pneumonie *f* i pnève-monia

poche *f* i tsèpi

poêle *f* to tiGani

poids *m* to varosse

poignée *f* (*de porte etc*) to Rèrouli

poignet *m* o karposse

poire *f* to aRlaDi

poison *m* to Dilitirio

poisson *m* to psari

poissonnerie *f* to psaraDiko

poitrine *f* to stiçosse

poivre *m* to pipèri

poivron *m* i pipèria

poli yèvènikosse

police *f* i astinomia

politique *f* ta politika

politique politikosse

pollué molismènosse

pommade *f* i alifi

pomme *f* to milo**

pomme de terre *f* i patata
pompiers *mpl* i pirosvèstiki
   ipirèssia
poney *m* to poni
pont *m* i yèfira; (*de bateau*) to
   katastroma
porc *m* (*viande*) to Ririno
port *m* to limani
porte *f* i porta; (*d'aéroport*) i
   èxoDosse
porte-bébé *m* to porte bè-bè
portefeuille *m* to portofoli
porte-monnaie *m* to
   portofoli
porter mètafèro
porteur *m* o aR-çoforosse
portier *m* o çirorosse
portion *f* i mèriDa
porto *m* i mavroDafe-ni
possible Dinatosse
poste *f* to taRiDromio
poste ta Gramata
poster *m* to postère
poster (*verbe*) taRiDromo
poste restante poste rèstane-
   de
pot *m* i kanata
potage *m* i soupa
pot d'échappement *m* i
   èxatmissi
poubelle *f* o
   skoupiDoDènèkèsse
poule *f* i kota
poulet *m* to kotopoulo
poumons *mpl* i pnève-
   monèsse
poupée *f* i koukla
pour ya
pourboire *m* to filoDorima
pour cent tisse èkato
pourquoi ? yati ?
pourri sapiosse
pousser sproRno

poussette *f* i anapiriki poliçe-
   rona
pouvoir: je peux/elle peut
   boro/bori
pratique praktikosse
préféré aGapimènosse
préférer protimo
premier *m* (*étage*) to proto
   patoma
premier protosse
première *f* (*classe*) proti çèssi
premiers secours *mpl* i
   protèsse voïçièsse
prendre pèrno
prénom *m* to onoma
préparer ètimazo
près: près de kone-da; **près**
   d'ici èDo kone-da
présenter (*deux personnes*)
   sistino
préservatif *m* to profilaktiko
presque sRè-Done
prêt ètimosse
prêter Danizo
prêtre *m* o papasse
prince *m* o prine-guipasse
princesse *f* i prine-guipissa
principal kiriosse
printemps *m* i anixi
priorité *f* (*voiture*) i protèrè-
   otita
prise *f* (*électrique, boîtier*) i
   priza
prise multiple *f* i priza taf
prison *f* i filaki
privé iDiotikosse
prix *m* (*coût*) i timi
probablement piçanosse
problème *m* to provlima
prochain èpomènosse;
   mercredi prochain tine ali
   Tètarti; **l'année prochaine**
   tou Ronou

produit de vaisselle *m* to sapouni piatone

produits de beauté *mpl* ta kalidika

professeur *m* o Daskalosse

profond vaçissa

programme *m* to proGrama

promenade *m* o pèripatosse

promener: aller se promener pao pèripato

promettre iposse-Romè

prononcer profèro

propre (*pas sale*) kaçarosse

propriétaire *m* o iDioktitisse

prospectus *m* to prospèktousse

protège-couches *mpl* ta Pampers (R)

protéger prostatèvo

Protestant *m* o Diamartiro-mènosse

prudent prossèktikosse

prune *f* to Damaskino

public *m* to akroa-tirio

public Dimossiosse

puce *f* o psilosse

puis totè

pull(over) *m* to poulovère

punk pank

pyjama *m* i pitzamèsse

quai *m* (*de gare*) i plate-forma; (*de port*) i provlita

qualité *f* i piotita

quand ? potè ?

quand-même oposse kè nanè

quart *m* to tètarto

quartier *m* i sinikia

que: plus laid que pio

asRimosse apo; **je ne fume que . . .** kape-nizo monone . . .; **je pense que . . .** nomizo oti . . .; **que . . . ?** ti . . . ?; **qu'est-ce que . . . ti inè . . .; qu'est-ce que c'est ?** ti inè afto ?

quel pio

quelque chose kati

quelque part kapou

quelques . . . liGa . . .

quelques-uns mèriki, mèrikèsse, mèrika

quelqu'un kapiosse

question *f* i èrotissi

queue *f* i oura; **faire la queue** kano oura

qui ? piosse ?

quinzaine *f* Dèkapène-çimèro

quoi ? ti ?

raccourci *m* o sidomosse Dromosse

radiateur *m* to kalorifère; (*de voiture*) to psiyio aftokinitou

radio *f* to raDiofono; (*radiographique*) i aktinoG-rafia

raide apotomosse

raisin *m* ta stafilia

raisonnable loyikosse

rallonge *f* i pro-èktassi

rapide GriGorosse

rare spaniosse

raser: se raser xirizomè

rasoir *m* to xirafaki; (*électrique*) i xiristiki miRani

rat *m* o arou-rèosse
rater (*train etc*) Rano
ravissant orèosse
rayon *m* (*de vélo*) i aktina
réception *f* i rèssèpsione;
  (*soirée*) i Dèxiossi
réceptionniste *m/f* i/o
  rèssèpsioniste
recette *f* i sidayi
recevoir DèRomè
recommander sistino
reconnaissant èvε-Gnomone
reconnaître anaGnorizo
reçu *m* i apoDixi
regarder kitazo
régime *m* i Dièta
région *f* i pèrioRi
règles *fpl* i pèrioDosse
reins *mpl* ta nèfra
reine *f* i vassilissa
religion *f* i çriskia
rembourser Dino pisso
remercier èfε-Raristo
remorque *f* i rimoulka
remplir yèmizo
rencontrer sinaDo
rendez-vous *m* to rane-dèvou
rendre èpistrèfo
renseignement *m* i
  pliroforièsse
renseignements *mpl* i
  pliroforièsse
rentrer yirno pisso, èpistrèfo;
  rentrer à la maison yirno
  spiti
renverser anapoDoyirizo
réparation *f* i èpiskèvi
réparer Diorçono
repas *m* to faïto
repasser siDèrono
répéter èpanalame-vano
répondre apaDo
réponse *f* i apaDissi

repos *m* i anapafe-si
reposer: se reposer
  anapavomè
représentant *m* o
  adiprossoposse
requin *m* o kar-Rariasse
réservation *f*: **j'ai une**
  réservation εRo mia
  kratissi
réserver krato
réservoir *m* to dèpozito
respirer anape-nèo
responsable ipèfε-çinosse
ressembler à miazi sane
ressort *m* to èlatirio
restaurant *m* to èstiatorio
reste *m* to ipolipo
rester mèno
retard *m* i kaçistèrissi; **en**
  retard arGa
retraité *m* o sidaxiouRosse
rétroviseur *m* o kaçrèftisse
  aftokinitou
réunion *f* i sinadissi
rêve *m* to oniro
réveil *m* to xipnitiri
réveillé xipe-niosse
réveiller xipe-no; **se**
  réveiller xipe-no
revenir yirno
rez-de-chaussée *m* to issoyo
Rhodes *f* i RoDosse
rhum *m* to roumi
rhumatismes *mpl* i rève-
  matismi
rhume *m* to krioma
rhume des foins *m* allère-yia
  sti yiri
riche ploussiosse
rideau *m* i kourtina
ridicule yèliosse
rien tipotè; (*quelque chose*)
  otiDipotè

rire yèlo

rivage *m* i akti

rivière *f* to potami

riz *m* to rizi

robe *f* to forèma

robe de chambre *f* i roba

robinet *m* i vrissi

rocher *m* o vraRosse

rock *m* i rok

rognons *mpl* ta nèfra

roi *m* o vassiliasse

roman *m* to miçistorima

rond strone-guilosse

ronfler RoRalizo

rose *f* to triadafilo

rose roze

roue *f* i roDa

rouge kokinosse

rouge à lèvres *m* to krayone

rougeole *f* i ilara

route *f* o Dromosse

roux kokinomalisse

rubéole *f* i èriçra

rue *f* i oDosse

ruines *fpl* i ar-Rèotitèsse

ruisseau *m* to rèma

sa (*homme*) o/i/to ... tou; (*femme*) o/i/to ... tisse (*voir grammaire*)

sable *m* i amosse

sac *m* i tsane-da

sac à dos *m* to sakiDio

sac à main *m* i tsane-da

sac de couchage *m* to slipine-gue-bag

sac en plastique *m* i plastiki sakoula

saigner èmoraGo

saison *f* i èpoRi; **en haute saison** stine çèrini pèrioDo

salade *f* i salata

sale vromikosse

salé almirosse

salle à manger *f* i trapèzaria

salle d'attente *f* i èçoussa anamonisse

salle de bain *f* to loutro

salon *m* to saloni

samedi to Savato

sandales *fpl* ta sane-Dalia

sandwich *m* to sane-douïtse

sang *m* to èma

sans Rorisse

santé: santé ! stine iya sou !; **bon pour la santé** ofèlimosse

sardine *f* i sarDèla

sauce *f* i saltsa

saucisse *f* to loukaniko

sauf èktosse

saumon *m* o solomosse

sauna *m* i saouna

sauter piDo

sauvage aGriosse

savoir xèro; **je ne sais pas** Dène xèro

savon *m* to sapouni

scandaleux èxofrènikosse

science *f* i èpistimi

seau *m* o kouvasse

sec stègnosse; (*vin*) xirosse

sèche-cheveux *m* to pistolaki

sécher stègnono

seconde *f*(*temps*) to Dèftèrolèpto; (*classe*) Dèftèri çèssi

secret mistikosse

sécurité *f*: **en sécurité** asfalisse

séduisant èlkistikosse

sein *m* to stiçosse

séjour *m* i Diamoni
sel *m* to alati
self-service self sèrvisse
semaine *f* i ève-DomaDa
semblable paromiosse
semelle *f* i sola
sens *m (direction)* i katèfe-çine-si
sensible èvèsse-çitosse
sentier *m* to monopati
sentiment *m* to sinèsse-çima
sentir *(odeur)* mirizo; **je me sens bien/je me sens mal** nioço kala/Dène nioço kala
séparé Roristosse
séparément xèRorista
septembre o Sèptème-vriosse
sérieux sovarosse
serpent *m* to fiDi
serrure *f* i kliDaria
serveuse *f* i sèrvitora
service *m* to sèrvisse; *(pourboire)* to filoDorima
serviette *f (pour documents)* o Rartofilakasse; *(pour manger)* i pètsèta
serviette de bain *f* i pètsèta
serviette hygiénique *f* i sèrvièta
servir èxipirèto
ses *(homme)* i/i/ta . . . tou; *(femme)* i/i/ta . . . tisse *(voir grammaire)*
seul monosse
seulement mono
sexe *m* to sèxe
sexiste *m* o sovinistisse
sexy sèxi
shampoing *m* to sabouane
shopping *m* ta psonia; **faire du shopping** pao ya psonia
shorts *mpl* to sortse
si *(condition)* ane; *(tellement)* ètsi, tosso; *(mais oui)* malista
SIDA *m* to AIDS
siècle *m* o èonasse
siège *m* i çèssi
sien: le sien, la sienne *(homme)* Dikosse tou; *(femme)* Dikosse tisse
signer ipoGrafo
signifier èno-o
silence *m* i siopi; **silence !** siopi !
s'il vous plaît parakalo
simple aplosse
sincère ilkrinisse
sinon Diaforètika
ski *m* to ski
skier kano ski
ski nautique *m* to çalassio ski
slip *m* to slip
slip de bain *m* to mayo
société *f* i kinonia; *(compagnie)* i ètèria
soeur *f* i aDèlfi
soie *f* to mètaxi
soif *f*: **j'ai soif** Dipso
soir *m* to vraDi; **ce soir** apopse
soirée *f* i vraDia
soit . . . soit . . . i . . . i . . .
soldes *mpl* i èkptossisse
soleil *m* o iliosse
sombre skotinosse
sommeil: j'ai sommeil nistazo
somnifère *m* to ipnotiko Rapi
son *(homme)* o/i/to . . . tou; *(femme)* o/i/to . . . tisse
sonnette *f* to kouDouni
sortie *f* i èxoDosse
sortie de secours *f* i èxoDosse kine-dinou
sortir vièno
souci *m* to stènoRoria; **se faire du souci pour** anissiRo ya
soucoupe *f* to piataki

FRANÇAIS-GREC

soudain xafnika
souhaits: à vos souhaits !
  stine iya sasse !
soupe *f* i soupa
sourcil *m* to friDi
sourd koufosse
sourire Ramoyèlo
souris *f* to podiki
sous apo kato
sous-sol *m* to ipo-yio
sous-vêtements *mpl* ta
  èssorouRa
soutien-gorge *m* to soutiène
souvenir *m* to ène-çimio
souvenir: se souvenir de
  çimamè
souvent siRna
spécialement iDika
spécialité *f* i spèssialitè
sport *m* to spor
starter *m* to aèrasse
stationner parkaro
station-service *f* to vène-
  zinaDiko
steak *m* i brizola
stérilet *m* to spirale
steward *m* o aèrossinoDosse
stop *m* to otostop; **faire du
  stop** kano otostop
studio *m* (*appartement*) i
  garsonièra
stupide vlakasse
stylo *m* to stilo
stylo à bille *m* to stilo
stylo-feutre *m* o
  markaDorosse
succès *m* i èpitiRia
sucette *f* to Glifidzouri
sucre *m* i zaRari
sud *m* o notosse; **au sud de**
  notia apo
suffire: ça suffit ftani
suisse Elvètikosse

Suisse *m/f* o Elvètosse, i
  ElvètiDa
Suisse *f* i Elvètia
suivant (*adjectif*) èpomènosse
suivre akolouço
super fane-dastikosse
supermarché *m* to soupère-
  markète
**supporter: je ne supporte pas
  le fromage** Dène m'arèssi to
  tiri
sur pano
sûr siGourosse
surgelé paGomènotosse; **les
  surgelés** ta katèpsiGmèna
surnom *m* to paratsoukli
surprenant aprosse-mènosse
surprise *f* i èkplixi
survêtement de sport *m* i
  açlitiki forma
sympathique kalosse
synagogue *f* i sinaGoyi

ta o/i/to ... sou (*voir grammaire*)
tabac *m* o kape-nosse
tabac-journaux *m* o
  èfimèriDo-polisse
table *f* to trapèzi
tableau *m* to zoGrafiki
tableau de bord *m* to kadrane
tache *f* o lèkèsse
taille *f* to mèyèçosse; (*partie
  du corps*) i mèssi
taille-crayon *m* i xistra
talc *m* i pouDra talk
talon *m* i ftèrna; (*de
  chaussure*) to takouni
tampon *m* to tabone
tante *f* i çia

85

tapis *m* to Rali; *(petit)* to Ralaki
tard arGa
tarte *f* i pasta; **tarte aux pommes** i milopita
tasse *f* to flidzaní
taxi *m* to taxi
te sou *(voir grammaire)*
teinturier *m* to stèGnokaçaristirio
téléférique *m* to tèlèfèrik
télégramme *m* to tilèGrafima
téléphone *m* to tilèfono
téléphoner (à) pèrno tilèfono
télévision *f* i tilèorassi
témoin *m* o martirasse
température *f* i çère-mokrassia
tempête *f* i çièla
temple *m* o naosse
temps *m (durée)* o Ronosse; *(météo)* o kèrosse
tenir krato
tennis *m* to tènisse
tennis *fpl* ta açlitika papoutsia
tente *f* i tène-da; *(camping)* i skini
terminer tèliono
terrain pour caravanes *m* to kame-bine-gue
terre *f* to Roma
tes i/i/ta . . . sou *(voir grammaire)*
tête *f* to kèfali
thé *m* to tsaï
théâtre *m* to çèatro
thé citron *m* to tsaï mè lèmoni
théière *f* i tsayèra
thermomètre *m* to çèrmomètro
thermos *m* to çèrmosse
thon *m* o tonosse
tiède Rliarosse
tien: le tien/la tienne Dikosse sou *(voir grammaire)*

timbre *m* to Gramatossimo
timide dropalosse
tire-bouchon *m* to aniRitiri
tirer travo
tissu *m* to ifasma
toast *m* to toste
toi èssèna *(voir grammaire)*
toilettes *fpl* i toualèta
toit *m* i stèyi
tomate *f* i domata
tomber pèfto; **laisser tomber** riRno
ton o/i/to . . . sou *(voir grammaire)*
tonnerre *m* i vrodi
torchon à vaisselle *m* i pètsèta tisse kouzinasse
tôt norisse
toucher ane-guizo
toujours pada; *(encore)* akomi
tour *f* o pirGosse
touriste *m/f* o touristasse, i touristria
tourner yirno
tournevis *m* to katsaviDi
tous oli, olesse, ola; **tous les deux** kè i Dio; **tous les jours** kaçè mèra
tousser viRo
tout kaçè ti; **tout le lait/toute la bière** olo to Gala/oli i bira; **toute la journée** oli mèra; **en tout** sinolika
toux *f* o viRasse
tradition *f* i paraDossi
traditionnel paraDossiakosse
traduire mètafrazo
train *m* to trèno
tranche *f* i fèta
tranquille issiRosse
transpirer iDrono
travail *m* i Doulia
travailler ère-Gazomè

travaux *mpl* (*sur la route*) ta oDika ère-Ga
traverser pèrno
très poli
tricoter plèko
triste lipimènosse
trop para poli; **trop ...** poli ...
trottoir *m* to pèzoDromio
trou *m* i tripa
trouver vrisko
T-shirt *m* to blouzaki
tu èssi (*voir grammaire*)
tuer skotono
tunnel *m* i siraga
Turc *m*, **Turque** *f* o Tourkosse, i Tourkala
Turquie *f* i Tourkia
tuyau *m* o solinasse

un, une ènasse, mia, èna (*voir grammaire*)
université *f* to panèpistimio
urgence *f* i èktati anagui
urgent èpiGone
usine *f* to ère-Gostassio
ustensiles de cuisine *mpl* ta mayirika skèvi
utile Rissimosse
utiliser Rissimopio

vacances *fpl* i Diakopèsse; **les grandes vacances** i kalokèrinèsse Diakopèsse
vaccin *m* o ème-voliasmosse

vache *f* i a-yèlaDa
vagin *m* o kolposse
vague *f* to kima
vaisselle *f* ta piatika; **faire la vaisselle** plèno ta piata
valable ène-guirosse
valise *f* i valitsa
vallée *f* i kilaDa
vanille *f* i vanilia
variable astatosse
vase *m* to vazo
veau *m* (*viande*) to mosRari
végétarien *m* o RortofaGosse
véhicule *m* to oRima
vélo *m* to poDilato
vendre poulo; **à vendre** politè
vendredi *m* i Paraskèvi
venir ère-Romè
vent *m* o anèmosse
vente *f* i polissi
ventilateur *m* o anèmistirasse
ventre *m* to stomaRi
vérifier èlène-Ro
vernis à ongles *m* to mano
verre *m* to yiali; (*boire*) to potiri
vert prassinosse
vessie *f* i kisti
veste *f* to sakaki
vestiaire *m* i gardaroba
vêtements *mpl* ta rouRa
vétérinaire *m* o ktiniatrosse
veuf *m* o Rirosse
veuve *f* i Rira
vexer prosse-valo
viande *f* to krèasse
viande hachée *f* o kimasse
vide aDiosse
vidéo *f* to vidèo
vie *f* i zoï
vieux yèrosse; (*qc*) paliosse
vignoble *m* to abèli
vilebrequin *m* o strofalosse

villa *f* i vila
village *m* to Rorio
ville *f* i poli
vin *m* to krassi; **vin
rouge/blanc/rosé**
kokino/aspro/rozè krassi
vinaigre *m* to xiDi
vinaigrette *f* to laDoxiDo
viol *m* o viasmosse
violet move
virage *m* i strofi
vis *f* i viDa
visa *m* i viza
visage *m* to prossopo
visite *f* i èpiskèpsi
visiter èpiskèptomè
vitamines *fpl* i vitaminèsse
vite GriGora
vitesse *f* i taritita
vivant *m* zodanosse
vivre zo
vœux *m*: **meilleurs vœux**
polèsse èfe-Rèsse
voici na
voilà na
voile *f* to pani; (*sport*) i
istioploïa
voir vlèpo
voisin *m*, **voisine** *f* o
yitonasse, i yitonissa
voiture *f* to aftokinito
voix *f* i foni
vol *m* (*d'avion*) i ptissi;
(*criminel*) i klopi
volaille *f* ta poulèrika
volant *m* (*de voiture*) to timoni
voler (*dans l'air*) pèto;
(*dérober*) klèvo
volets *mpl* ta padzouria
voleur *m* o klèftisse
vomir: j'ai envie de vomir
èRo tassi prosse èmèto
vos i/i/ta . . . sasse (*voir*

grammaire)
votre o/i/to . . . sasse (*voir
grammaire*)
vôtre: le/la vôtre Diko sasse; **à
la vôtre !** stine iya sasse !
(*voir grammaire*)
vouloir çèlo; **je veux** çèlo;
voulez-vous . . . ? çèlètè . . . ?
vous èssisse (*voir grammaire*)
voyage *m* to taxiDi; **bon
voyage !** kalo taxiDi !
voyage d'affaires *m* to taxiDi
ya Doulièsse
voyage de noces *m* o minasse
tou mèlitosse
voyage organisé *m* i or-
Ganomèni èke-Dromi
voyager taxiDèvo
vrai aliçinosse
vraiment praGmatika
vue *f* i çèa

W Y Z

wagon *m* to vaGoni
wagon-lit *m* i koukèta
walkman (R) *m* to walkman
week-end *m* to Savatokiriako
whisky *m* to ouiski

y: il y a ipar-Ri; (*pluriel*) ipar-
Roune; **il n'y a pas de . . .**
Dène ipar-Ri/ipar-Roune . . .;
il y a trois jours prine trisse
mèrèsse
yacht *m* to yote
yaourt *m* to yaourti
Yougoslavie *f* i Yougoslavia

zéro miDène
zone piétonne *f* o
pèzoDromosse
zoo *m* o zo-oloyikosse kiposse

Αα

αγαπώ aimer
αγάπη (η) amour
αγαπημένος préféré
αγαπητός cher
αγγίζω toucher
Αγγλία (η) Angleterre
Αγγλικός anglais
αγγούρι (το) concombre
αγελάδα (η) vache
αγενής grossier
άγκυρα (η) ancre
αγκώνας (ο) coude
αγορά (η) marché
αγοράζω acheter
αγόρι (το) garçon
άγριος sauvage
αγρόκτημα (το) ferme
αγρότης (ο) agriculteur
αγώνας (ο) bagarre; jeu
άδεια (η) permis;
   permission
άδεια οδηγήσεως (η) permis
   de conduire
άδειος vide
αδελφή (η) sœur
αδελφός (ο) frère
αδύνατος impossible
αδύνατος faible
αέρας (ο) air; starter
αεριούχο gazeux
αεροδρόμιο (το) aéroport
αεροπλάνο (το) avion
αεροπορική εταιρεία (η)
   compagnie aérienne

αεροπορικώς par avion
αεροσυνοδός (η) hôtesse de
   l'air
αεροσυνοδός (ο) steward
Αθήνα (η) Athènes
αθλητής (ο) athlete
αθλητικά παπούτσια (τα)
   tennis (chaussures)
αθλητική φόρμα (η)
   survêtement de sport
αθώος innocent
Αιγαίο (το) Egée
AIDS (το) SIDA
αίθουσα αναμονής (η) salle
   d'attente
αίμα (το) sang
αιμορραγώ saigner
αιμορροΐδες (οι)
   hémorroïdes
αισθάνομαι sentir
αισιόδοξος optimiste
αίτηση (η) formulaire;
   candidature
αιτία (η) cause
αιώνας (ο) siècle
ακολουθώ suivre
ακόμα, ακόμη encore;
   même; ακόμα κι άν même
   si
ακουστικά (τα) audiophone
ακούω entendre
ακριβός cher
άκρη (η) bord
ακροατήριο (το) public
ακτή (η) côte; rivage
ακτινογραφία (η) radio
ακυρώνω annuler
αλάτι (το) sel

89

ΒΓΔΖΗΘΛΜΝΞΠΡΣΥΦΧΨΩ ΑΙ ΑΥ ΕΙ ΕΥ ΟΙ ΟΥ ΜΠ ΝΤ
β γ δ ζ η θ λ μ ν ξ π ρ σ υ φ χ ψ ω αι αυ ει ευ οι ου μπ ντ
v y D z i Ç l m n x p r s i f R ps o è af i èfe i ou b d

Αλβανία (η) Albanie
αλεύρι (το) farine
αληθινός vrai
αλκοόλ (το) alcool
αλλά mais
αλλάζω changer; αλλάζω ρούχα se changer
αλλεργία allergie
αλλεργία στη γύρη rhume des foins
αλλεργικός σε allergique à
άλλος, άλλη, άλλο un/une autre; άλλη μια μπύρα encore une bière
αλλού ailleurs
αλμυρός salé
άλογο (το) cheval
αλοιφή (η) pommade
αλουμινόχαρτο (το) papier d'argent
αλτ! arrêtez !
αλυσίδα (η) chaîne
αμάξι (το) automobile
Αμερικανικός américain
Αμερική (η) Amérique
αμέσως immédiatement
άμμος (η) sable
αμορτισέρ (το) amortisseur
αμπέλι (το) vignoble
αμπέρ ampères
αμυγδαλίτιδα (η) angine
αν si
αν και bien que
ανάβω allumer
αναγκαίο nécessaire
ανάγκη (η) besoin
αναγνωρίζω reconnaître
αναμειγνύω mélanger
ανάμεσα parmi
ανανάς (ο) ananas
αναπαύομαι se reposer

ανάπαυση (η) repos
αναπαυτικός confortable
αναπηρική πολυθρόνα (η) poussette; fauteuil roulant
ανάπηρος handicapé
αναπνέω respirer
αναποδογυρίζω renverser
αναπτήρας (ο) briquet
αναπτύσσω développer
ανατολή (η) est
ανατολικά (από) à l'est (de)
αναχώρηση (η) départ
αναψυκτικό (το) boisson non-alcoolisée
άνδρας (ο) homme
ανδρών toilettes pour messieurs
ανεβαίνω monter; se lever
ανεξάρτητο διαμέρισμα gîte
ανεμιστήρας (ο) ventilateur
άνεμος (ο) vent
ανεξάρτητος indépendant
άνεργος au chômage
ανήκω appartenir
ανησυχώ για se faire du souci pour
ανηψιά (η) nièce
ανηψιός (ο) neveu
ανθοπώλης (ο) fleuriste
άνθρωποι (οι) gens
ανοίγω ouvrir; allumer
ανοικτός ouvert; allumé; ανοιχτό μπλε bleu clair
άνοιξη (η) printemps
ανοιχτήρι (το) tire-bouchon; ouvre-boîte
ανταλλακτικά (τα) pièces de rechange
ανταλλάσω échanger
αντέχω se tenir
αντιβιοτικό (το) antibiotique

αντιισταμινικό φάρμακο (το) antihistaminique
αντίκα (η) objet d'époque
αντίο au revoir
αντιπαθητικός insupportable
αντιπρόσωπος (ο) représentant
αντισηπτικό (το) désinfectant
αντισυλληπτικό (το) pilule contraceptive
αντιψυκτικό (το) antigel
αντλία (η) pompe
άξονας (ο) essieu
απαγορεύεται il est interdit
απαγορευμένος défendu
απαίσιος épouvantable; affreux
απαιτώ exiger
απαλός doux
απαντώ répondre
απάντηση (η) réponse
απέναντι: απέναντι από την εκκλησία en face de l'église
απένταρος fauché
απεριτίφ (το) apéritif
απίθανος incroyable
απλό εισιτήριο (το) aller simple
απλός simple
απλώνω s'étendre
από depuis (que); que; από το ... στο ... de ... à ...; από κάτω sous; dessous; από πάνω au-dessus de
αποβιβάζομαι atterrir
απογειώνομαι décoller
απόγευμα (το) après-midi
απογοητευμένος déçu
απόδειξη (η) reçu
απολυμαντικό (το) désinfectant
αποσκευές (οι) bagages
αποσμητικό (το) déodorant

απόσταση (η) distance
απότομος raide
αποφασίζω décider
απόψε ce soir
Απρίλιος (ο) avril
απρόσμενος surprenant
αράχνη (η) araignée
αργά tard
αργώ arriver/être en retard; être lent
αργίες (οι) jours fériés
αργός lent
αρέσω: μου αρέσει ça me plaît
αριθμός (ο) numéro
αριστερά gauche; στα αριστερά à gauche (de)
αριστερόχειρας gaucher
αρκετά assez (de)
αρκετοί plusieurs
αρνητικό (το) négatif
αρνί (το) agneau
αρουραίος (ο) rat
αρραβωνιασμένος fiancé
αρραβωνιαστικός (ο) fiancé
αρραβωνιαστικιά (η) fiancée
αρρενωπός macho
αρρώστια (η) maladie
άρρωστος malade
αρχαιολογία (η) archéologie
αρχαίος ancien
αρχαιότητες (οι) ruines
αρχάριος (ο) débutant
αρχή (η) début
αρχίζω commencer
άρωμα (το) parfum
ασανσέρ (το) ascenseur
ασετόν (το) dissolvant
ασημένιος argent
ασθενοφόρο (το) ambulance
άσθμα (το) asthme
ασπιρίνη (η) aspirine
άσπρος blanc

Β Γ Δ Ζ Η Θ Λ Μ Ν Ξ Π Ρ Σ Υ Φ Χ Ψ Ω ΑΙ ΑΥ ΕΙ ΕΥ ΟΙ ΟΥ ΜΠ ΝΤ
β γ δ ζ η θ λ μ ν ξ π ρ σ υ φ χ ψ ω αι αυ ει ευ οι ου μπ ντ
v y D z i ç l m n x p r s i f R ps o è af i èfe i ou b d

αστακός (o) homard
άστατος variable
αστείο (το) plaisanterie
αστείος drôle
αστέρι (το) étoile
αστυνομία (η) police
αστράγαλος (o) cheville
αστυνομικό τμήμα (το)
  commissariat
αστυφύλακας (o) agent de
  police
ασφάλεια (η) fusible;
  assurance
ασφαλής en sécurité
άσχημα mal
άσχημος laid
ατζέντα (η) carnet d'adresses
άτομο (το) personne
αυγό (το) œuf; αυγό βραστό
  œuf à la coque; αυγό
  σφιχτό œuf dur
Αύγουστος (o) août
αυθεντικός authentique
αϋπνία (η) insomnie
αύριο demain
Αυστρία (η) Autriche
AUTAN (R) (το) crème anti-
  insecte
αυτή elle
αυτί (το) oreille
αυτό ce, cette; ça; αυτό εδώ
  celui-ci; αυτό που ce que
αυτοί, αυτές, αυτά ils, elles;
  ces; ceux-ci, celles-ci
αυτοκίνητο (το) voiture
αυτόματος automatique
αυτός il
αυτός, αυτή, αυτό ceci
αυτούς, αυτές, αυτά eux,
  elles
αφεντικό (το) patron

αφήνω laisser
άφιξη (η) arrivée
αφίσα (η) affiche
αφορολόγητα (τα) hors taxes
αφροδίσιο νόσημα (το)
  maladie vénérienne
αφρός (o) surf
αφρός ξυρίσματος (o)
  mousse à raser
αχθοφόρος (o) portier
αχλάδι (το) poire

βαγόνι (το) wagon
βάζο (το) vase
βάζω mettre; βάζω μπρος
  mettre en marche
βάθος: στο βάθος au fond
  (de)
βαθύς profond
βαλβίδα (η) valve
βαλίτσα (η) valise;
  φτιάχνω/ανοίγω τις
  βαλίτσες faire/défaire ses
  bagages
βαμβακερό (το) coton
βαμβάκι (το) coton
  hydrophile
βανίλια (η) vanille
βαρετός ennuyeux
βαριέμαι je m'ennuie; έχω
  βαρεθεί j'en ai marre
βάρκα με μηχανή (η) bateau à
  moteur; hors-bord
βάρκα με κουπιά (η) bateau à
  rames
βάρος (το) poids
βαρύς lourd

GREC-FRANÇAIS

βασιλιάς (ο) roi
βασίλισσα (η) reine
βατόμουρο (το) mûre
βάφω peindre
βγαίνω sortir
βέβαια bien sûr
Βελγικός belge
Βέλγιο (το) Belgique
βελόνα (η) aiguille
βελτιώνω améliorer
βενζινάδικο (το) station-
    service
βενζίνη (η) essence
βεντιλατέρ (το) courroie du
    ventilateur
βερίκοκο (το) abricot
βερνίκι παπουτσιών (το)
    cirage
βήχας (ο) toux
βήχω tousser
βιάζομαι se dépêcher
βιασμός (ο) viol
βιβλίο (το) livre
βιβλίο διαλόγων (το) guide
    de conversation
βιβλιοθήκη (η) bibliothèque
βιβλιοπωλείο (το) librairie
βίδα (η) vis
βίζα (η) visa
βίλλα (η) villa
βίντεο (το) vidéo
βιομηχανία (η) industrie
βιταμίνες (οι) vitamines
βλάβη (η) panne
βλάκας (ο) idiot
βλάκας stupide
βλέπω voir; regarder
βοήθεια (η) aide; βοήθεια!
    au secours !
βοηθώ aider
βόμβα (η) bombe
βορράς (ο) nord
βόρεια (από) au nord (de)

βότανα (τα) herbes
Βουλγαρία (η) Bulgarie
βουλιάζω couler
βουνό (το) montagne
βούρτσα (η) brosse
βουτώ plonger
βούτυρο (το) beurre
βράδυ (το) soir
βραδυά (η) soirée
βράζω bouillir
βραχιόλι (το) bracelet
βράχος (ο) rocher
Βρετανία (η) Grande-
    Bretagne
Βρεταννικός britannique
βρέχει il pleut
βρίσκω trouver
βροντή (η) tonnerre
βροχή (η) pluie
βρύση (η) robinet
βρώμικος sale
βυζαίνω allaiter
βυθός (ο) fond

γάιδαρος (ο) âne
γάλα (το) lait
γαλάκτωμα καθαρισμού (το)
    crème démaquillante
Γαλλία (η) France
Γαλλίδα (η) Française
Γαλλικός français; στα
    Γαλλικά en français
Γάλλοι (οι) Français
Γάλλος (ο) Français
γαλοπούλα (η) dinde
γάμος (ο) mariage
γαμπρός (ο) beau-fils; beau-
    frère; époux
γάντια (τα) gants

93

ΒΓΔΖΗΘΛΜΝΞΠΡΣΥΦΧΨΩΑΙΑΥΕΙΕΥΟΙΟΥΜΠΝΤ
β γ δ ζ η θ λ μ ν ξ π ρ σ υ φ χ ψ ω αι αυ ει ευ οι ου μπ ντ
v y D z i ç l m n x p r s i f R pso è af i èfe i ou b d

γαρίδα (η) crevette
γάτα (η) chat
C-D (το) disque compact
γειά σου bonjour; γειά σου!
   σανπέ !; à vos souhaits !
γείτονας (ο) voisin
γελοίο ridicule
γελώ rire
γεμάτος plein
γεμίζω remplir
γενέθλια (τα) anniversaire
γένια (τα) barbe
γενναίος courageux
γεννήθηκα το ... je suis né
   en ...
Γερμανία (η) Allemagne
Γερμανικός allemand
γέρος vieux
γεύμα (το) déjeuner; repas
γεύση (η) arôme; goût
γέφυρα (η) pont
για pour
γιαγιά (η) grand-mère
γιακάς (ο) col
γιαούρτι (το) yaourt
γιατί; pourquoi ?
γιατρός (ο) médecin
γίνομαι devenir
γιός (ο) fils
Γιουγκοσλαβία (η)
   Yougoslavie
γιωτ (το) yacht
γκάζι (το) gaz; accélérateur
γκαράς (το) garage
γκαρνταρόμπα (η) vestiaire
γκολφ (το) golf
γκρέιπφρουτ (το)
   pamplemousse
γκρίζος gris
γκρουπ (το) groupe
γλάρος (ο) mouette

γλιφιτζούρι (το) sucette
γλύκισμα (το) dessert
γλυκό (το) bonbon
γλυκός doux
γλυστερός glissant
γλυστρώ déraper
γλώσσα (η) langue
γνωρίζω connaître
γόνατο (το) genou
γονείς (οι) parents
γουίντσερφ (το) planche à
   voile
γουόκμαν (το) walkman (R)
γουρούνι (το) cochon
γοφός (ο) hanche
γραβάτα (η) cravate
γράμμα (το) lettre
γράμματα (τα) poste
γραμματική (η) grammaire
γραμματοκιβώτιο (το) boîte à
   lettres
γραμματόσημο (το) timbre
γρασίδι (το) pelouse
γραφείο (το) bureau
γραφείο απωλεσθέντων (το)
   objets trouvés
γραφομηχανή (η) machine à
   écrire
γράφω écrire
γρήγορα rapide; vite
γρίππη (η) grippe
γρύλλος (ο) cric
γυαλί (το) verre
γυαλιά (τα) lunettes
γυαλιά ηλίου (τα) lunettes de
   soleil
γυμνασμένος en forme
γυμνός nu
γυναίκα (η) femme
γυρνώ tourner; γυρνώ πίσω
   rentrer; ramener; γυρνώ

σπίτι rentrer à la maison
γωνία (η) coin

δακτυλίδι (το) bague
δαμάσκηνο (το) prune
δανείζομαι emprunter
δανείζω prêter
δάσκαλος (ο) moniteur; enseignant
δάσος (το) forêt
δάχτυλο (το) doigt
δάχτυλο του ποδιού (το) orteil
ΔΕΗ Compagnie Nationale d'Electricité
δείκτης (ο) jauge; index
δείπνο (το) dîner
δείχνω montrer
δεκαπενθήμερο (το) quinzaine
Δεκέμβριος (ο) décembre
δέμα (το) colis
δεν pas
δένδρο (το) arbre
δεξιά droite; στα δεξιά (από) à droite (de)
δεξίωση (η) réception
δέρμα (το) cuir; peau
δεσποινίδα (η) Mademoiselle
Δευτέρα (η) lundi
δεύτερη θέση seconde classe
δευτερόλεπτο (το) seconde
δεύτερος deuxième; από δεύτερο χέρι d'occasion
δέχομαι accepter; recevoir
δηλητήριο (το) poison
δημαρχείο (το) mairie
δημόσιος public
δημοτική μουσική (η) musique folklorique

διαβάζω lire
διάβαση πεζών (η) passage clouté
διαβατήριο (το) passeport
διαβητικός (ο) diabétique
διάδρομος (ο) corridor
διάθεση (η) humeur
δίαιτα (η) régime
διακλάδωση (η) embranchement
διακοπές (οι) vacances
διακοπή (η) interruption; coupure de courant
διακόπτης (ο) interrupteur
διακόπτω interrompre
διαλέγω choisir
διάλεκτος (η) dialecte
διαμάντι (το) diamant
Διαμαρτυρόμενος (ο) protestant
διαμένω loger
διαμέρισμα (το) appartement
διά μέσου par
διαμονή (η) logement; séjour
διάρκεια (η) duration
διαρροή (η) fuite
διάρροια (η) diarrhée
διάσημος célèbre
διασκεδάζω s'amuser
διασταύρωση (η) croisement
διασχίζω traverser
διαφημιστικό (το) dépliant
διαφορετικά sinon
διαφορετικός différent
διάφραγμα (το) obturateur
διαχειριστής (ο) patron
διδάσκω enseigner
δίδυμοι (οι) jumeaux
διεύθυνση (η) adresse
δίκαιος juste
δικηγόρος (ο) avocat
δικός μου le mien, la mienne

Β Γ Δ Ζ Η Θ Λ Μ Ν Ξ Π Ρ Σ Υ Φ Χ Ψ Ω ΑΙ ΑΥ ΕΙ ΕΥ ΟΙ ΟΥ ΜΠ ΝΤ
β γ δ ζ η θ λ μ ν ξ π ρ σ υ φ χ ψ ω αι αυ ει ευ οι ου μπ ντ
v y D z i Ç l m n x p r s i f R pso è af i èfe i ou b d

δικός μας le/la nôtre
δικός σας le/la vôtre
δικός σου le tien, la tienne
δικός της le sien, la sienne
δικός του le sien, la sienne
δικός τους le/la leur
δίνω donner
διορθώνω réparer
δίπλα από à côté de
διπλό double
διπλό δωμάτιο (το) chambre pour deux personnes
δισκάδικο (το) disquaire
δίσκος (ο) disque; plateau
διψώ j'ai soif
δοκιμάζω goûter; essayer
δόντι (το) dent
δουλειά (η) travail; emploi
δουλεύω travailler; marcher; δεν δουλεύει ça ne marche pas
δουλειές (οι) affaires
δρόμος (ο) route; rue
δροσερός frais
δυνατός fort; possible
δυσάρεστος désagréable
δύση (η) ouest
δύση του ήλιου (η) coucher de soleil
δυσκοιλία (η) constipation
δύσκολος difficile
δυσπεψία (η) indigestion
δυστύχημα (το) accident
δυστυχώς malheureusement
δυτικά (από) à l'ouest (de)
δυτικός ouest
δωμάτιο (το) chambre
δωρεάν gratuit
δώρο (το) cadeau

EAΠ Union Grecque de la Gauche
EAΣ Société des Transports Publics d'Athènes
εβδομάδα (η) semaine; την εβδομάδα par semaine
Εβραίος juif
έγγραφο (το) document
εγγύηση (η) garantie
εγκαίρως à l'heure; à temps
έγκαυμα από τον ήλιο (το) coup de soleil
εγκεφαλικό επεισόδιο (το) attaque
έγκυος enceinte
έγκυρος valable
εγχείρηση (η) opération
έγχρωμο φιλμ (το) pellicule couleur
εγώ je; moi
εδώ ici; δεν είναι εδώ il/elle n'est pas là
έθιμο (το) coutume
εθνική οδός (η) autoroute
εθνικότητα (η) nationalité
ειδικώς spécialement
ειλικρινής sincère
είμαι je suis
είναι il/elle est; c'est
εισιτήριο (το) billet
εισιτήριο με επιστροφή (το) aller retour
είσοδος (η) entrée
εκατό cent; τοις εκατό pour cent
εκεί là(-bas)
εκείνο celui-là, celle-là

εκείνοι, εκείνες, εκείνα ces; ceux-là

εκείνος, εκείνη, εκείνο ce, cette; celui-ci, celle-ci

έκθεση (η) exposition

εκκλησία (η) église

έκπληξη (η) surprise

εκπληκτικός étonnant

εκπτώσεις (οι) soldes

έκτατη ανάγκη (η) urgence

εκτός sauf

ελαιόλαδο (το) huile d'olive

ελαστικός élastique

ελατήριο (το) ressort

ελαττωματικός défectueux

ελαφρός léger

Ελβετία (η) Suisse (pays)

Ελβετίδα (η) Suisse (femme)

Ελβετός (ο) Suisse

ελεγκτής (ο) receveur

ελεύθερος libre; célibataire

ελιά (η) olive; bouton

ελικόπτερο (το) hélicoptère

ελκυστικός séduisant

Ελλάδα (η) Grèce

Έλληνας (ο) Grec

Ελληνίδα (η) Grecque

Ελληνικά (η) grec

Ελληνικός grec

ελπίζω espérer

εμβολιασμός (ο) vaccin

εμείς nous

εμένα me; για εμένα pour moi

εμπορικό κέντρο (το) centre commercial

εναλλακτήρας (ο) alternateur

εναντίον contre

ένας, μια, ένα un, une

ενδιαφέρον intéressant

ένεση (η) piqûre

ενήλικος (ο) adulte

ενθύμιο (το) souvenir

εννοώ signifier

ενοικιάζεται à louer

ενοικίαση αυτοκινήτων (η) location de voitures

ενοίκιο (το) loyer

ενοχλητικός ennuyeux

ενοχλώ déranger

εντάξει d'accord; ça va; ok

έντομο (το) insecte

έντυπα (τα) imprimé

ενώ pendant (que)

εξαιρετικός fantastique

εξ αιτίας à cause de

εξαρτάται ça dépend

εξάτμιση (η) pot d'échappement

εξαφανίζομαι disparaître

εξηγώ expliquer

έξοδος (η) sortie; porte

έξοδος κινδύνου (η) sortie de secours

εξοχή (η) campagne

έξοχος excellent

εξπρές par exprès

εξυπηρετώ servir

έξυπνος astucieux; intelligent

έξω dehors; είναι έξω il/elle est sorti(e)

εξωτερικός externe; στο εξωτερικό à l'étranger

εξωφρενικός scandaleux

EOT Agence de Tourisme National

επαληθεύω vérifier

επαναλαμβάνω répéter

επείγον urgent

επειδή parce que

επέκταση (η) rallonge

επέτειος (η) anniversaire

επιβάτης (ο) passager

επιβεβαιώνω confirmer

επίδεσμος (ο) pansement

Β Γ Δ Ζ Η Θ Λ Μ Ν Ξ Π Ρ Σ Υ Φ Χ Ψ Ω ΑΙ ΑΥ ΕΙ ΕΥ ΟΙ ΟΥ ΜΠ ΝΤ
β γ δ ζ η θ λ μ ν ξ π ρ σ υ φ χ ψ ω αι αυ ει ευ οι ου μπ ντ
v y D z i ç l m n x p r s i f R pso è af i èfe i ou b d

επίθεση (η) attaque
επιθετικός agressif
επίθετο (το) nom de famille
επικίνδυνος dangereux
επιληπτικός (ο) épileptique
επίπεδος plat
έπιπλα (τα) meubles
επίσης aussi; κι εγώ επίσης
moi aussi
επισκέπτομαι visiter
επισκευή (η) réparation
επίσκεψη (η) visite
επιστήμη (η) science
επιστρέφω rendre; rentrer
επιταγή (η) chèque
επιτέλους enfin
επίτηδες exprès
επιτρέπεται il est permis
επιτρέπω laisser; permettre
επιτυχία (η) succès
επόμενος (ο) prochain;
suivant
εποχή (η) saison
εργάζομαι travailler
εργαλείο (το) outil
εργένης (ο) célibataire
εργοστάσιο (το) usine
ερυθρά (η) rubéole
έρχομαι venir; έρχομαι σε
επαφή contacter
έρωτας (ο) amour; κάνω
έρωτα faire l'amour; είμαι
ερωτευμένος je suis
amoureux
ερώτηση (η) question
εστιατόριο (το) restaurant
εσείς vous
εσένα toi
εσύ tu
ΕΣΥ Service National de la
Santé

εσώρουχα (τα) sous-
vêtements
εταιρεία (η) société
ετικέτα (η) étiquette
ετοιμάζω préparer
έτοιμος prêt
έτσι si; comme ceci
έτσι κι έτσι comme ci comme
ça
ευαίσθητος sensible
ευγενικός aimable; poli
ευγνώμων reconnaissant
ΕΥΔΑΠ Compagnie des
Eaux d'Athènes
εύκολος facile
Ευρωπαϊκός européen
Ευρώπη (η) Europe
ευτυχισμένος heureux;
ευτυχισμένος ο καινούργιος
χρόνος! bonne année !
ευτυχώς heureusement
ευχαριστημένος content
ευχάριστος agréable
ευχαριστώ merci; remercier
εφημερίδα (η) journal
εφημεριδοπώλης (ο) tabac-
journaux
εφιάλτης (ο) cauchemar
έχω avoir; έχετε ...; avez-
vous jamais ... ?; έχεις
...; as-tu ...?; δεν έχω ...
je n'ai pas (de) ...

ζακέτα (η) gilet
ζαμπόν (το) jambon
ζάχαρη (η) sucre

ζαχαροπλαστείο (το) pâtisserie

ζέστη (η) chaleur; κάνει ζέστη il fait chaud

ζεστός chaud; ζεστή σοκολάτα (η) chocolat chaud

ζευγάρι (το) paire

ζηλιάρης jaloux

ζημιά (η) dégats

ζητώ συγνώμη s'excuser

ζω vivre

ζωγραφίζω peindre

ζωγραφική (η) peinture; tableau

ζωή (η) vie

ζώνη (η) ceinture

ζώνη ασφαλείας (η) ceinture de sécurité

ζωντανός vivant

ζώο (το) animal

ζωολογικός κήπος (ο) zoo

Ηη

η le, la

ή ou; ή...ή... soit...soit ...

ήδη déjà

ηλεκτρική σκούπα (η) aspirateur

ηλεκτρικό ρεύμα (το) électricité

ηλεκτρικό σίδερο (το) fer à repasser

ηλεκτρικός électrique

ηλίαση (η) insolation

ηλικία (η) âge

ηλιοθεραπεία: κάνω ηλιοθεραπεία se faire bronzer

ηλιόλουστος ensoleillé

ήλιος (ο) soleil

ημέρα (η) jour

ημερολόγιο (το) calendrier; agenda

ημερομηνία (η) date

ημιδιατροφή demi-pension

ημίσκληροι φακοί επαφής (οι) lentilles semi-rigides

Ηνωμένες Πολιτείες (οι) Etats-Unis

ΗΠΑ E.U.A

ηρεμώ se calmer

ήσυχος tranquille

θάλασσα (η) mer

θαλασσινά (τα) fruits de mer

θαλάσσιο σκι (το) ski nautique

θάνατος (ο) mort

θαυμάσιος merveilleux

θέα (η) vue

θεά (η) déesse

θεατρικό έργο (το) pièce de théâtre

θέατρο (το) théâtre

θεία (η) tante

θείος (ο) oncle

θέλω vouloir; je veux; θέλετε ...; voulez-vous ... ?; θα ήθελα j'aimerais

θεός (ο) Dieu

θέρμανση (η) radiateur; chauffage

θερμοκρασία (η) température

θερμόμετρο (το) thermomètre

θερμός (το) thermos

ΒΓΔΖΗΘΛΜΝΞΠΡΣΥΦΧΨΩ ΑΙ ΑΥ ΕΙ ΕΥ ΟΙ ΟΥ ΜΠ ΝΤ
β γ δ ζ η θ λ μ ν ξ π ρ σ υ φ χ ψ ω αι αυ ει ευ οι ου μπ ντ
v y D z i Ç l m n x p r s i f R ps o è af i èfe i ou b d

θέση (η) siège
θλιμμένος déprimé; triste
θορυβώδης bruyant
θρησκεία (η) religion
θύελλα (η) tempête; orage
θυμάμαι se souvenir de
θυμωμένος fâché
θυρωρός (ο) portier

Ιανουάριος (ο) janvier
ιδέα (η) idée
ιδιοκτήτης (ο) propriétaire
ίδιος même; pareil; εγώ ο
   ίδιος moi-même
ιδιωτικός privé
ιδρώνω transpirer
ιλαρά (η) rougeole
Ιούλιος (ο) juillet
Ιούνιος (ο) juin
ιππασία (η) équitation
Ιρλανδία (η) Irlande
Ιρλανδικός irlandais
ίσια droit; ίσια μπροστά
   tout droit
ισόγειο (το) rez-de-chaussée
Ισπανία (η) Espagne
Ισπανικός espagnol
ιστιοπλοΐα (η) voile
ιστιοπλοϊκό σκάφος (το)
   bateau à voile
ιστορία (η) histoire
ίσως peut-être
Ιταλία (η) Italie
Ιταλικός italien

καβούρι (το) crabe
καθαρίζω nettoyer
καθαριστήριο (το)
   blanchisserie
καθαριστικό δέρματος (το)
   démaquillant
καθαρός propre
καθαρτικό (το) laxatif
κάθε chaque; κάθε μέρα
   tous les jours; κάθε τι
   tout; κάθε φορά chaque
   fois
καθένας, καθεμιά, καθένα
   chaque
καθηγητής (ο) professeur
καθολικός catholique
καθόλου aucun; δεν έχω
   καθόλου λεφτά je n'ai pas
   d'argent du tout
κάθομαι s'asseoir
καθρέφτης (ο) miroir
καθρέφτης αυτοκινήτου (ο)
   rétroviseur
καθυστέρηση (η) retard
και et
καινούργιος neuf
και οι δύο tous les deux
καιρός (ο) temps; πολύς
   καιρός longtemps; έχει
   καλό καιρό il fait beau
καίω brûler
κακάο (το) cacao
κακός mauvais
καλά bien; καλά! très
   bien !; είναι καλά/δεν είναι
   καλά il va bien/mal; όλα
   καλά ça ira très bien

καλάθι (το) panier
καλημέρα bonjour
καληνύχτα bonne nuit
καλησπέρα bonsoir
καλλιτέχνης (ο) artiste
καλλυντικά (τα) produits de beauté
καλοκαίρι (το) été
καλοκαιρινές διακοπές (οι) grandes vacances
καλοριφέρ (το) radiateur
καλός bon; aimable
καλοψημένος bien cuit
καλσόν (το) collants
κάλτσες (οι) chaussettes
καλύτερος mieux;
 καλύτερος από meilleur que
καλύτερος (ο) le/la meilleur(e)
καλώς ήλθατε! bienvenue !
καμαριέρα (η) femme de chambre
καμμιά φορά parfois
καμπάνα (η) cloche
καμπίνα (η) cabine
κάμπινγκ (το) camping;
 terrain pour caravanes
Καναδάς (ο) Canada
Καναδικός canadien
κανάλι (το) canal
κανάτα (η) pot
κάνει (κρύο) il fait (froid)
κανένας personne
κανό (το) canoë
καντράν του αυτοκινήτου (το) tableau de bord
κάνω faire
καπάκι (το) couvercle
καπαρντίνα (η) imperméable
καπάκι (το) casquette
καπέλο (το) chapeau
καπετάνιος (ο) capitaine
καπνίζοντες fumeurs; μη

καπνίζοντες non-fumeurs
καπνίζω fumer
καπνός (ο) fumée; tabac
καπό (το) capot
κάποιος quelqu'un
κάπου quelque part
καραβίδα (η) langouste
καρδιά (η) cœur
καρδιακή προσβολή (η) crise cardiaque
καρέκλα (η) chaise
καρμπιρατέρ (το) carburateur
καρνέ επιταγών (το) chéquier
καρότο (το) carotte
καροτσάκι (το) landau
καρπός (ο) poignet
κάρτα (η) carte de visite;
 carte postale
κάρτα επιβιβάσεως (η) carte d'embarquement
καρτποστάλ (η) carte postale
καρύδι (το) noix
καρφί (το) clou
καρφίτσα (η) épingle;
 broche
καρχαρίας (ο) requin
κασέττα (η) cassette
κασεττόφωνο (το) lecteur de cassettes
κασκόλ (το) écharpe
κάστανο (το) marron
καστόρι daim
κάστρο (το) château
κάταγμα (το) fracture
καταδύσεις (οι) plongée sous-marine
καταλαβαίνω comprendre
κατάλογος (ο) liste; carte
κατάλογος κρασιών (ο) carte des vins
καταπίνω avaler
καταρράκτης (ο) cascade;
 cataracte

Β Γ Δ Ζ Η Θ Λ Μ Ν Ξ Π Ρ Σ Υ Φ Χ Ψ Ω ΑΙ ΑΥ ΕΙ ΕΥ ΟΙ ΟΥ ΜΠ ΝΤ
β γ δ ζ η θ λ μ ν ξ π ρ σ υ φ χ ψ ω αι αυ ει ευ οι ου μπ ντ
v y D z i Ç l m n x p r s i f R pso è af i èfe i ou b d

κατασκήνωση (η) camping
κατάστημα αφορολογήτων
  (το) boutique hors taxes
καταστροφή (η) désastre
κατάστρωμα (το) pont
κατά τη διάρκεια pendant
κατάψυξη (η) freezer
καταψύκτης (ο) congélateur
κατεβαίνω descendre
κατειλημμένος occupé
κατευθείαν direct
κατεύθυνση (η) sens
κατεψυγμένος surgelé
κάτι quelque chose; κάτι
  άλλο autre chose
κατσαβίδι (το) tournevis
κατσαρίδα (η) cafard
κατσαρόλα (η) casserole
κατσίκα (η) chèvre
κάτω en bas; κάτω από
  sous; εκεί κάτω là-bas
καυτερός piquant
καυτός brûlant
καφέ marron
καφενείο (το) café
καφές (ο) café; καφές με
  γάλα crème
κάψιμο (το) brûlure
κέικ (το) gâteau
Κελσίου centigrade
κέλυφος (το) coquillage
κεντρική θέρμανση (η)
  chauffage central
κέντρο (το) centre
κέντρο της πόλης (το) centre-
  ville
κεράσι (το) cerise
κερδίζω gagner
κερί (το) bougie
Κέρκυρα (η) Corfou
κεφάλι (το) tête

κηδεία (η) enterrement
κήπος (ο) jardin
κιβώτιο ταχυτήτων (το) boîte
  de vitesses
κιθάρα (η) guitare
κιλό (το) kilo
κιμάς (ο) viande hachée
κίνδυνος (ο) danger
κινηματογραφική μηχανή (η)
  caméra
κίτρινος jaune
KKE Parti Communiste de
  Grèce
κλαίω pleurer
κλάξον (το) klaxon
κλασική μουσική (η)
  musique classique
κλέβω voler
κλειδαριά (η) serrure
κλειδί (το) clé; clé anglaise
κλειδώνω fermer à clé
κλείνω fermer; éteindre
κλείνω θέση réserver
κλειστός fermé; éteint
κλέφτης (ο) voleur
κλίμα (το) climat
κλιματιζόμενος climatisé
κλιματισμός (ο) climatisation
κλοπή (η) vol
κλωστή (η) fil
κόβω couper
κοιλάδα (η) vallée
κοιμάμαι dormir
κοινωνία (η) société
κοκκαλιάρης maigre
κόκκαλο (το) os; arête
κοκκινομάλης roux
κόκκινος rouge
κοκκύτης (ο) coqueluche
κοκτέηλ (το) cocktail
κόλλα (η) colle

κολλιέ (το) collier
κόλπος (ο) vagin; golfe
κολυμπώ nager
κολύμπι (το) natation
κολώνια (η) eau de toilette
κολώνια μετά το ξύρισμα (η) after-shave
κομμάτι (το) morceau
κομμώτρια (η) coiffeur
κομπιουτεράκι (το) calculette
κομπολόι (το) chapelet grec
κονιάκ (το) cognac
κοντά près de; εδώ κοντά près d'ici
κοντέρ (το) compteur
κοντινός proche
κοντίσιονερ (το) baume après-shampoing
κοντός court
κορδόνια παπουτσιών (τα) lacets
κόρη (η) fille (*pas fils*)
κορίτσι (το) (jeune) fille
κόρνα (η) klaxon
κορυφή: στην κορυφή en haut
κοσμήματα (τα) bijoux
κόσμος (ο) monde; gens; foule
κοστίζει coûter; κοστίζει ça coûte
κόστος (το) coût
κοτόπουλο (το) poule
κουβάς (ο) seau
κουβέρτα (η) couverture
κουδούνι (το) sonnette
κουζίνα (η) cuisine; cuisinière
κουκέτα (η) couchette
κουκέτες (οι) lits superposés
κούκλα (η) poupée
κουμπί (το) bouton
κουνέλι (το) lapin

κούνια (η) lit d'enfant
κουνούπι (το) moustique
κουνουπίδι (το) chou-fleur
κουπέ (το) compartiment
κουρασμένος fatigué
κουρέας (ο) coiffeur
κούρεμα (το) coupe de cheveux
κουρτίνα (η) rideau
κουστούμι (το) complet
κουτάλι (το) cuiller
κουτί (το) boîte
κουφός sourd
κραγιόν (το) rouge à lèvres
κράμπα (η) crampe
κρανίο (το) crâne
κρασί (το) vin
κρασί του μαγαζιού (το) vin ordinaire
κρατώ tenir; garder
κράτηση θέσης (η) réservation
κρέας (το) viande
κρεβάτι (το) lit; μονό/διπλό κρεβάτι lit pour une personne/deux personnes
κρέμα (η) crème
κρέμα προσώπου (η) crème de beauté
κρεμάστρα (η) cintre
κρεμμύδι (το) oignon
κρέπα (η) crêpe
Κρήτη (η) Crète
κρίμα: είναι κρίμα c'est dommage
κρουαζιέρα (η) croisière
κρύβομαι se cacher
κρύβω cacher
κρύο (το) froid; κάνει κρύο il fait froid
κρύος froid
κρύωμα (το) rhume; είμαι κρυωμένος je suis enrhumé

Β Γ Δ Ζ Η Θ Λ Μ Ν Ξ Π Ρ Σ Υ Φ Χ Ψ Ω ΑΙ ΑΥ ΕΙ ΕΥ ΟΙ ΟΥ ΜΠ ΝΤ
β γ δ ζ η θ λ μ ν ξ π ρ σ υ φ χ ψ ω αι αυ ευ οι ου μπ ντ
v y D z i ç l m n x p r s i f R ps o è af i èfe i ou b d

κτηνίατρος (ο) vétérinaire
κτίριο (το) bâtiment
κυβέρνηση (η) gouvernement
κυβερνήτης (ο) capitaine
κυκλοφορία (η) circulation
κυκλοφοριακή συμφόρηση
  (η) embouteillage
κύμα (το) vague
κυνήγι (το) gibier
Κύπρος (η) Chypre
κυρία (η) dame
Κυρία (η) Madame
Κυριακή (η) dimanche
κύριος principal
κύριος (ο) monsieur
Κύριος (ο) Monsieur
κύστη (η) vessie
κυττάζω regarder
κώδικας κυκλοφορίας (ο)
  code de la route
κωδικός αριθμός (ο) indicatif
κωμόπολη (η) ville

Λλ

λάδι (το) huile
λάδι μαυρίσματος (το) huile
  solaire
λαδόξυδο (το) vinaigrette
λάθος (το) erreur
λάθος faux
λαιμός (ο) cou; gorge
λακ (η) laque
λάμπα (η) lampe; ampoule
λαστιχάκι (το) élastique
λάστιχο (το) caoutchouc;
  pneu; σκασμένο λάστιχο
  pneu crevé
λαχανικά (τα) légumes

λάχανο (το) chou
λεβιές ταχυτήτων (ο) levier
  de vitesses
λείπω manquer; être absent;
  μου λείπεις tu me manques
λειτουργία (η) messe
λεκές (ο) tache
λεμονάδα (η) limonade
λεμόνι (το) citron
λέξη (η) mot
λεξικό (το) dictionnaire
λεπτό (το) minute
λεπτός mince
λέσχη (η) club
λευκοπλάστ (το) pansement
  adhésif
λεφτά (τα) argent
λέω dire; πως σε λένε;
  comment vous appelez-
  vous ?; με λένε je
  m'appelle
λεωφορείο (το) autobus
λιακάδα (η) soleil
λίγα quelques(-uns)
λίγο un peu (de); λιγο
  κρασί/αλεύρι du vin/de la
  farine
λίγος court
λιγότερο moins
λικέρ (το) liqueur
λιμάνι (το) port
λίμα νυχιών (η) lime à ongles
λίμνη (η) lac
λιμνούλα (η) étang
λιπαρός gras
λιποθυμώ s'évanouir
λίμπρα (η) livre
λίτρο (το) litre
λογαριασμός (ο) addition
λογικός raisonnable
Λονδίνο (το) Londres

104

λόξυγγας (ο) hoquet
λουκάνικο (το) saucisse
λουλούδι (το) fleur
λουτρό (το) salle de bain
λόφος (ο) colline
λυπάμαι excusez-moi; je suis
  désolé
λυπημένος triste

μαγαζί (το) magasin
μαγειρεύω cuire
μαγειρικά σκεύη (τα)
  ustensiles de cuisine
μάγειρος (ο), μαγείρισα (η)
  cuisinier
μαγιό (το) maillot de bain
μαγιονέζα (η) mayonnaise
μαζί ensemble
μαθαίνω apprendre
μάθημα (το) leçon; κάνω
  μάθημα enseigner
Μάιος (ο) mai
μακαρόνια (τα) pâtes
μακριά loin
μακρύς long
μαλακοί φακοί (οι) lentilles
  souples
μάλιστα si; μάλιστα! alors !
μαλλί (το) laine
μαλλιά (τα) cheveux
μάλλον plutôt;
  probablement
μαλλώνω se battre
μαμά (η) maman
μανάβης (ο) marchand de
  légumes
μανιτάρια (τα) champignons
μανό (το) vernis à ongles
μανταλάκι (το) pince à linge

μαντήλι (το) mouchoir;
  foulard
μαξιλάρι (το) oreiller
μαργαρίνη (η) margarine
μαρκαδόρος (ο) stylo-feutre
μαρμελάδα (η) confiture
μαρούλι (το) laitue
Μάρτιος (ο) mars
μάρτυρας (ο) témoin
μασέλα (η) dentier
μασκάρα (η) mascara
μας nous; notre, nos
μάτι (το) œil; brûleur (de
  cuisinière)
ματς (το) match
μαυρίζω bronzer
μαύρισμα (το) bronzage
μαυρο-ασπρος noir et blanc
μαύρος noir
μαχαίρι (το) couteau
μαχαιροπήρουνα (τα)
  couverts
με avec; par; me; με
  αυτοκίνητο en voiture
μεγάλο κατάστημα (το) grand
  magasin
μεγάλος grand
μέγεθος (το) taille
μεγένθυση (η)
  agrandissement
μεθαύριο après-demain
μεθυσμένος ivre
μέικ απ (το) maquillage
μελανιά (η) bleu
μέλι (το) miel
μέλισσα (η) abeille
μελιτζάνα (η) aubergine
μέλλον (το) futur
μενού (το) carte
μένω habiter; rester
μέρα (η) jour; όλη μέρα
  toute la journée
μερίδα (η) portion

B Γ Δ Z H Θ Λ M N Ξ Π P Σ Υ Φ X Ψ Ω ΑΙ ΑΥ ΕΙ ΕΥ ΟΙ ΟΥ ΜΠ ΝΤ
β γ δ ζ η θ λ μ ν ξ π ρ σ υ φ χ ψ ω αι αυ ει ευ οι ου μπ ντ
v y D z i ç l m n x p r s i f R ps o è af i èfe i ou b d

μερικοί, μερικές, μερικά
  quelques-uns
μέρος (το) partie
μέσα dans; à l'intérieur (de)
Μεσαίωνας (ο) moyen âge
μεσάνυχτα (τα) minuit
μέση (η) milieu; taille
μεσημέρι (το) midi
Μεσόγειος (η) Méditerranée
μετά après; ensuite
μετακινούμαι bouger
μεταλλικό νερό (το) eau
  minérale
μέταλλο (το) métal
μετάξι (το) soie
μεταξύ entre
μεταφέρω porter
μεταφράζω traduire
μετεωρολογικό δελτίο (το)
  météo
μετρητά (τα) monnaie; τοις
  μετρητοίς en liquide
μέτριο μέγεθος moyen
μέτριος moyen
μέτρο (το) mètre
μέτωπο (το) front
μέχρι jusqu'à (ce que)
μηδέν zéro
μη καπνίζοντες non-fumeurs
μήκος (το) longueur
μήλο (το) pomme
μηλόπιτα (η) tarte aux
  pommes
μήνας (ο) mois
μήνας του μέλιτος (ο) voyage
  de noces
μητέρα (η) mère
μητριά (η) belle-mère (après
  remariage)
μητρόπολη (η) cathédrale
μηχανάκι (το) mobylette

μηχανή (η) moteur;
  locomotive
μηχανικός (ο) mécanicien;
  ingénieur
μια un, une
μίζα (η) allumage
μικρό όνομα (το) prénom
μικρός peu; petit
μιλώ parler; μιλάτε ...;
  parlez-vous ... ?
μισός moitié;
  λίτρο/μισή μέρα un demi-
  litre/une demi-journée;
  μισή ώρα une demi-heure
μισοψημένο à point
μισώ détester
μ.μ. (μετά μεσημβρίας) de
  l'après-midi; du soir
μνημείο (το) monument
μόδα (η) mode; της μόδας à
  la mode
μοιάζει avoir l'air; μοιάζει
  σαν ressembler à
μοιράζομαι partager
μοκέτα (η) moquette
μολύβι (το) crayon
μόλυνση (η) infection
μολυσμένος pollué
μόνο seulement; καπνίζω
  μόνον ... je ne fume
  que ...
μονό δωμάτιο (το) chambre
  pour une personne
μονοπάτι (το) sentier,
  chemin
μόνος seul
μοντέρνος moderne
μοσχάρι (το) bœuf; veau
μοτοσυκλέτα (η) moto
μου mon, ma; mes
μουσείο (το) musée

μουσική (η) musique
μουσική ποπ (η) musique pop
μουσικό όργανο (το) instrument de musique
μουστάκι (το) moustache
μουστάρδα (η) moutarde
μπαίνω entrer (dans)
μπακάλικο (το) épicerie
μπαλκόνι (το) balcon
μπάλλα (η) ballon
μπαλλάκι (το) balle
μπαμπάς (ο) papa
μπανάνα (η) banane
μπανιέρα (η) baignoire
μπάνιο (το) bain; πάω για μπάνιο se baigner
μπαρ (το) bar
μπάρμαν (ο) barman
μπαταρία (η) pile; batterie
μπαχαρικό (το) épice
μπεζ beige
μπέικον (το) lard
μπέιμπι-σίττερ (η) baby-sitter
μπερδεμένος compliqué
μπιζέλια (τα) petits pois
μπικίνι (το) bikini
μπισκότο (το) petit gâteau
μπλε bleu
μπλούζα (η) chemisier
μπλουζάκι (το) T-shirt
μπόρα (η) averse
μπορώ je peux; μπορείτε να ...; pouvez-vous ... ?; μπορείς να ...; peux-tu ...?
μπότα (η) botte
μπουγάδα (η) lessive; βάζω μπουγάδα faire la lessive
μπουζί (το) bougie
μπουκάλι (το) bouteille
μπουκιά (η) morsure
μπούτι (το) cuisse
μπριζόλα (η) côtelette
μπροστά από devant

μπροστινό μέρος (το) avant
μπύρα (η) bière
μπωλ (το) bol
μύγα (η) mouche
μύδια (τα) moules
μυθιστόρημα (το) roman
μυρίζω sentir
μυρμήγκι (το) fourmi
μυρωδιά (η) odeur
μυστικός secret
μυς (ο) muscle
μύτη (η) nez
μύωπας myope
μωβ violet
μωρό (το) bébé

Νν

να voici; voilà
ναι oui; ναι, ναι! mais si !
νάιλον κάλτσες (οι) bas
νάιτκλαμπ (το) boîte de nuit
ναρκωτικά (το) drogue
ΝΔ Démocratie Nouvelle (*Mouvement Conservateur*)
νέα (τα) nouvelles
νεκροταφείο (το) cimetière
Νέο Έτος (το) Nouvel An
νέοι (οι) jeunes
νέος (ο) adolescent
νέος nouveau; jeune
νερό (το) eau
νεροχύτης (ο) évier
νέσκαφε (το) café soluble
νευρικός nerveux
νευρικός κλονισμός (ο) dépression
νευρωτικός névrosé
νεφρά (τα) rein; rognons
νησί (το) île
νιπτήρας (ο) lavabo

BΓΔZHΘΛMNΞΠΡΣΥΦXΨΩ AI AYEI EY OI OYMΠ NT
β γ δ ζ η θ λ μ ν ξ π ρ σ υ φ χ ψ ω αι αυ ει ευ οι ου μπ ντ
v y D z i ç l m n x p r s i f R pso è af i èfe i ou b d

νιώθω sentir; νιώθω
  καλά/δεν νιώθω καλά je me
  sens bien/mal
Νοέμβριος (ο) novembre
νοικιάζω louer
νομίζω ότι ... je pense
  que ...
νόμος (ο) loi
νοσοκόμα (η) infirmière
νοσοκομείο (το) hôpital
νοσταλγώ j'ai la nostalgie de;
  j'ai le mal du pays
νόστιμος délicieux
νοστιμότατος délicieux
νότια (από) au sud (de)
νότος (ο) sud
ντεπόζιτο (το) réservoir
ντήζελ (το) gas-oil
ντισκοτέκ (η) discothèque
ντιστριμπυτέρ (το) delco
ντομάτα (η) tomate
ντουλάπι (το) armoire
ντους (το) douche
ντρέπομαι j'ai honte
ντροπαλός timide
ντύνομαι s'habiller
ντύνω habiller
νυστάζω j'ai sommeil
νύφη (η) belle-fille; belle-
  sœur; épouse
νύχι (το) ongle
νυχοκόπτης (ο) pince à
  ongles
νύχτα (η) nuit
νυχτικό (το) chemise de nuit
νωρίς tôt

Ξξ

ξαδέλφη (η) cousine
ξάδελφος (ο) cousin
ξανά de nouveau
ξανθός blond
ξαπλώνω se reposer
ξαφνικά soudain
ξεκουράζομαι se resposer
ξεναγός (ο) guide
ξενοδοχείο (το) hôtel
ξένος étranger
ξενώνας νέων (ο) auberge de
  jeunesse
ξέρω savoir; δεν ξέρω je ne
  sais pas
ξεφωνίζω crier
ξεχνώ oublier; laisser
ξεχωριστά séparément
ξηρός sec
ξοδεύω dépenser
ξύδι (το) vinaigre
ξύλο (το) bois
ξυνός acide
ξυπνώ (se) réveiller
ξυπνητήρι (το) réveil
ξύπνιος réveillé
ξυραφάκι (το) rasoir
ξυρίζομαι se raser
ξυριστική μηχανή (η) rasoir
  électrique
ξύστρα (η) taille-crayon

Οο

o le, la

108

OA Compagnie aérienne Olympic

ΟΑΣΘ Société des Transports Publics de Thessalonique

οδηγώ conduire

οδηγός (ο) automobiliste; conducteur

οδικά έργα (τα) travaux

οδοντόβουρτσα (η) brosse à dents

οδοντογιατρός (ο) dentiste

οδοντόκρεμα (η) dentifrice

οδός (η) rue

οδυνηρός douloureux

όζα (η) vernis à ongles

οι les

οικογένεια (η) famille

Οκτώβριος (ο) octobre

Ολλανδία (η) Hollande

Ολλανδικός hollandais

όλος, όλη, όλο tout; όλα καλά ça va bien; όλα πληρωμένα tout compris; όλη μέρα toute la journée

όλοι tout le monde

ολόκληρος entier

ομάδα (η) côté; équipe; groupe

ομάδα αίματος (η) groupe sanguin

ομελέτα (η) œufs brouillés; omelette

ομίχλη (η) brouillard

όμοιος pareil

όμορφος fin

ομοφυλόφιλος homosexuel

ομπρέλλα (η) parapluie

όνειρο (το) rêve

όνομα (το) nom; prénom

όπερα (η) opéra

όπισθεν (η) marche arrière

όπλο (το) fusil

οποίς qui; του οποίου dont

οπτικός (ο) opticien

όπως comme; όπως και νάναι quand-même

οργανωμένη εκδρομή (η) voyage organisé

οργανώνω organiser

όρεξη (η) appétit; καλή όρεξη! bon appétit !

όριο ταχύτητας (το) limitation de vitesse

όροφος (ο) étage

ορχήστρα (η) orchestre

ΟΣΕ Chemins de Fer Grecs

όσο: τόσο όμορφος όσο aussi beau que

οστρακοειδή (τα) crustacés

όταν lorsque

OTE Télécommunications Grecques

οτιδήποτε n'importe quoi

ουίσκυ (το) whisky

ουρά (η) queue; κάνω ουρά faire la queue

ουράνιο τόξο (το) arc-en-ciel

ουρανός (ο) ciel

ούτε... ούτε... ni... ni...

όχημα (το) véhicule

όχι non; pas; όχι άλλο plus de

Ππ

παγάκι (το) glaçon

πάγος (ο) glace

παγωτό (το) glace (à manger)

παγωτό ξυλάκι (το) esquimau

παιδί (το) enfant

παίζω jouer

παίρνω prendre; obtenir; enlever

ΒΓΔΖΗΘΛΜΝΞΠΡΣΥΦΧΨΩ ΑΙ ΑΥ ΕΙ ΕΥ ΟΙ ΟΥ ΜΠ ΝΤ
β γ δ ζ η θ λ μ ν ξ π ρ σ υ φ χ ψ ω αι αυ ει ευ οι ου μπ ντ
v y D z i ç l m n x p r s i f R p s o è af i èfe i ou b d

παιχνίδι (το) jeu; jouet
πακέτο (το) paquet
παλαιοπωλείο (το) antiquaire
παλάτι (το) palais
παλιός vieux
παλίρροια (η) marée
παλτό (το) manteau
Πάμπερς (τα) (R) protège-
  couches
πάνα (η) couche
πανεπιστήμιο (το) université
πανηγύρι (το) foire
πανί (το) voile
πανικός (ο) panique
πανκ punk
πανσιόν (η) pension
πάντα toujours
πανταλόνι (το) pantalon
παντζούρια (τα) volets
πάντοτε toujours
παντού partout
παντόφλες (οι) pantoufles
παντρεμμένος marié
πάνω sur; en haut; πάνω
  από au-dessus de; εκεί
  πάνω là-haut
παξιμάδι (το) écrou
παπάς (ο) prêtre
Πάπας (ο) pape
πάπια (η) canard
πάπλωμα (το) duvet
παπούτσια (τα) chaussures
παππούς (ο) grand-père
παραγγελία (η) message
παραγγέλνω commander
παράδειγμα (το) exemple;
  παραδείγματος χάρι par
  exemple
παράδοση (η) tradition
παραδοσιακός traditionnel
παράθυρο (το) fenêtre

παρακαλώ s'il vous plaît; je
  vous en prie
παραλία (η) plage
παραμάνα (η) épingle de
  nourrice
παραμένω rester
παράξενος drôle; bizarre
παραπέρα plus loin
πάρα πολύ trop; beaucoup
παραπονούμαι se plaindre
Παρασκευή (η) vendredi
παρατηρώ regarder
παρατσούκλι (το) surnom
παρεξήγηση (η) malentendu
παρκάρω se garer
πάρκινγκ (το) parking
πάρκο (το) parc
παρμπρίζ (το) pare-brise
πάρτυ (το) fête
ΠΑΣΟΚ Mouvement
  Socialiste Grec
πάστα (η) tarte
παστίλιες λαιμού (οι)
  pastilles pour la gorge
Πάσχα (το) Pâques
πατάτα (η) pomme de terre
πατέρας (ο) père
πατερίτσες (οι) béquilles
πατριός (ο) beau-père (après
  remariage)
πάτωμα (το) plancher
παυσίπονο (το) analgésique
πάχος (το) gras
παχύς gros; épais
πάω aller; πάω στην Γαλλία
  je vais en France; σου πάει
  το μπλε le bleu te va bien
πεζοδρόμιο (το) trottoir
πεζόδρομος (ο) zone
  piétonne
πεζός (ο) piéton

110

πεθαίνω mourir
πεθαμένος mort
πεθερά (η) belle-mère (*mère du conjoint*)
πεθερός (ο) beau-père (*père du conjoint*)
πεινώ j'ai faim
πειράζει: θα σε πείραζε αν ...; ça vous dérange si ... ?; δεν πειράζει ça ne fait rien
Πέμπτη (η) jeudi
πενικιλλίνη (η) pénicilline
πέννα (η) stylo
πένσα (η) pince
πέος (το) pénis
πεπόνι (το) melon
περάστε entrez !
περιμένω attendre; περίμενε με! attendez-moi !
περιοδικό (το) magazine
περίοδος (η) période; règles
περιοχή (η) région
περίπατος (ο) promenade; πάω περίπατο aller se promener
περίπου environ
περισσότερο (το) la plupart (de)
περισσότερο plus
περμανάντ (η) permanente
περνώ traverser
περπατώ marcher
πέρσυ l'année dernière
πετάλι (το) pédale
πεταλούδα (η) papillon
πετώ jeter
πέτρα (η) pierre
πετσέτα (η) serviette; serviette de bain
πετσέτα κουζίνας (η) torchon à vaisselle
πετώ voler

πέφτω tomber
πηγή (η) fontaine
πηγούνι (το) menton
πηδώ sauter
πηρούνι (το) fourchette
πιάνω attraper; με πιάνει η θάλασσα j'ai le mal de mer
πιατάκι (το) soucoupe
πιατικά (τα) vaisselle
πιάτο (το) plat; assiette
πιθανώς probablement
πικάντικος épicé
πικάπ (το) platine
πικνίκ (το) pique-nique
πικρός amer
πιλότος (ο) pilote
πινακίδα (η) panneau de signalisation
πινακίδες (οι) plaque minéralogique
πινακοθήκη (η) musée d'art
πινγκπόνγκ (το) ping-pong
πινέλο (το) pinceau
πινέλο γιά ξύρισμα (το) blaireau
πίνω boire
πιο plus; πιο άσχημος από plus laid que
πίπα (η) pipe
πιπέρι (το) poivre
πιπεριά (η) poivron
πισίνα (η) piscine
πιστεύω croire
πιστολάκι (το) sèche-cheveux
πιστόλι (το) pistolet
πιστοποιητικό (το) certificat
πιστωτική κάρτα (η) carte de crédit
πίσω derrière; arrière
πίσω θέση (η) siège arrière
πίσω τροχός (ο) roue arrière
πίσω φώτα (τα) feux arrière
πίτσα (η) pizza

Β Γ Δ Ζ Η Θ Λ Μ Ν Ξ Π Ρ Σ Υ Φ Χ Ψ Ω ΑΙ ΑΥΕΙ ΕΥ ΟΙ ΟΥ ΜΠ ΝΤ
β γ δ ζ η θ λ μ ν ξ π ρ σ υ φ χ ψ ω αι αυ ευ οι ου μπ ντ
v y D z i ç l m n x p r s i fR pso è af i èfe i ou b d

πίττα (η) tarte; bourré
πλαστική σακούλα (η) sac en
  plastique
πλαστικός plastique
πλατεία (η) place
πλάτη (η) dos
πλατύς large
πλατφόρμα (η) quai
πλέκω tricoter
πλένομαι se laver
πλένω laver
πλευρά (η) côté
πλευρό (το) côte
πληγή (η) blessure
πλήθος (το) foule
πληροφορίες (οι)
  renseignements
πλήρωμα (το) équipage
πληρώνω payer
πλοίο (το) bateau
πλούσιος riche
πλυντήριο (το) machine à
  laver
πλύσιμο των πιάτων (το)
  vaisselle; πλένω τα πιάτα
  faire la vaisselle
πνεύμονες (οι) poumons
πνευμονία (η) pneumonie
ποδηλασία (η) cyclisme
ποδηλάτης (ο) cycliste
ποδήλατο (το) vélo
πόδι (το) pied; jambe; με τα
  πόδια à pied
ποδόσφαιρο (το) football
ποιανού; à qui ?
ποιό; quel ?
ποιός; qui ?
ποιότητα (η) qualité
πόλεμος (ο) guerre
πόλη (η) ville
πολιτεία (η) état

πολιτικά (τα) politique
πολιτικός politique
πολλοί, πολλές, πολλά
  beaucoup (de)
πολύ beaucoup; très; trop;
  πολύ μαγειρεμένο trop cuit
πονώ: πονάει ça fait mal;
  πονάει ο λαιμός μου j'ai mal
  à la gorge
πονόδοντος (ο) mal de dents
πονοκέφαλος (ο) mal à la tête
πόνος (ο) douleur
πόνος στο στομάχι (ο) maux
  d'estomac
ποντίκι (το) souris
πόνυ (το) poney
πορεία (η) itinéraire
πόρτα (η) porte
πορτ-μπαγκάζ (το) coffre
πορτ-μπε-μπέ (το) porte-bébé
πορτοκάλι (το) orange
πορτοκαλί orange
πορτοφολάς (ο) pickpocket
πορτοφόλι (το) portefeuille
πόσιμο νερό (το) eau potable
πόσος, πόση, πόσο;
  combien ?; πόσο κάνει;
  c'est combien ?
πόστερ (το) poster
ποστ ρεστάντ poste restante
ποτάμι (το) rivière
ποτέ jamais
πότε; quand ?
ποτήρι (το) verre
ποτό (το) boisson
ποτοπωλείο (το) marchand
  de vins
που que; qui
πού; où ?
πούδρα ταλκ (η) talc
πουθενά nulle part

πουκάμισο (το) chemise
πουλερικά (τα) volaille
πουλί (το) oiseau
πούλμαν (το) car
πουλόβερ (το) pull(over)
πουλώ vendre
πούρο (το) cigare
πρᾶγμα (το) chose
πραγματικά vraiment
πρακτικός pratique
πρακτορείο (το) agence
πρακτορείο λεωφορείων (το) gare routière
πράσινος vert
πρέπει να ... je dois ...
πρεσβεία (η) ambassade
πρησμένος enflé
πρίγκηπας (ο) prince
πριγκίπισσα (η) princesse
πρίζα (η) prise
πρίζα ταυ (η) prise multiple
πριν avant; πριν τρεις μέρες il y a trois jours
προάστια (τα) banlieue
πρόβατο (το) mouton
πρόβλημα (το) problème
προβλήτα (η) quai
προβολείς (οι) phares
πρόγονος (ο) ancêtre
πρόγραμμα (το) horaire; programme
προκαταβολικά d'avance
προξενείο (το) consulat
προσβάλλω vexer
προσεκτικός prudent
πρόσεξε! attention !
προσέχω s'occuper de
πρόσθετος supplémentaire
προσκαλώ inviter
πρόσκληση (η) invitation
προσπέκτους (το) prospectus
προσπερνώ doubler
προστατεύω protéger

πρόστιμο (το) amende
προσφέρω offrir
πρόσωπο (το) visage
προτείνω recommander
προτεραιότητα (η) priorité
προτιμώ préférer
προφανής évident
προφέρω prononcer
προφορά (η) accent
προφυλακτήρας (ο) pare-chocs
προφυλακτικό (το) préservatif
προχτές avant-hier
πρωί (το) matin
πρωινό (το) petit déjeuner
πρώτα d'abord
πρώτες βοήθειες (οι) premiers secours
πρώτη θέση première
πρώτο πάτωμα (το) premier étage
πρώτο πιάτο (το) entrée
πρώτος premier
Πρωτοχρονιά (η) le Premier de l'An
πτήση (η) vol
πτήση τσάρτερ (η) charter
πυξίδα (η) boussole
πύργος (ο) tour
πυρετός (ο) fièvre
πυρκαγιά (η) incendie
πυροσβεστήρας (ο) extincteur
πυροσβεστική υπηρεσία (η) pompiers
πυροτεχνήματα (τα) feux d'artifice
πυτζάμες (οι) pyjama
πωλείται à vendre
πώληση (η) vente
πώς comment ?; πώς πάει; ça va ?

113

B Γ Δ Z H Θ Λ M N Ξ Π P Σ Y Φ X Ψ Ω ΑΙ ΑΥ ΕΙ ΕΥ ΟΙ ΟΥ ΜΠ ΝΤ
β γ δ ζ η θ λ μ ν ξ π ρ σ υ φ χ ψ ω αι αυ ει ευ οι ου μπ ντ
v y D z i ç l m n x p r s i f R pso è af i èfe i ou b d

ράβω coudre
ραδιόφωνο (το) radio
ραντεβού (το) rendez-vous
ράντζο (το) lit de camp
ρεζέρβα (η) pneu de
  rechange
ρεσεψιόν (η) réception
ρεσεψιονίστ (η/ο) le/la
  réceptionniste
ρεύμα (το) courant; courant
  d'air
ρευματισμοί (οι)
  rhumatismes
ρίχνω jeter
ρόδα (η) roue
ροδάκινο (το) pêche
Ρόδος (η) Rhodes
ροζ rose
ροκ (η) rock
ρολόι (το) horloge; montre
ρόμπα (η) robe de chambre
ρούμι (το) rhum
ρούχα (τα) vêtements
ροχαλίζω ronfler
ρύζι (το) riz
ρυμούλκα (η) remorque
ρωτώ demander

Σάββατο (το) samedi
Σαββατοκύριακο (το) week-
  end
σαγόνι (το) mâchoire
σακάκι (το) veste; manteau

σακβουαγιάζ (το) bagages à
  main
σακίδιο (το) sac à dos
σάκος (ο) sac à dos
σαλάτα (η) salade
σαλιγκάρι (το) escargot
σαλόνι (το) salon
σάλτσα (η) sauce
σαμπουάν (το) shampoing
σαμπρέλα (η) chambre à air
σαν comme
σανδάλια (τα) sandales
σαντιγύ (η) crème Chantilly
σάντουιτς (το) sandwich
σάουνα (η) sauna
σάπιος pourri
σαπούνι (το) savon
σαπούνι πιάτων (το) produit
  de vaisselle
σαρδέλλα (η) sardine
σας vous; votre, vos
σβήνω arrêter; éteindre
σβήστρα (η) gomme
σεζ λονγκ (η) chaise longue
σελίδα (η) page
σέλλοτεπ (το) papier collant
σελφ σέρβις self-service
σεντόνι (το) drap
σεξ (το) sexe
σέξυ sexy
Σεπτέμβριος (ο) septembre
σερβιέτα (η) serviette
  hygiénique
σερβιτόρα (η) serveuse
σερβιτόρος (ο) garçon
σημαδούρα (η) bouée
σημαία (η) drapeau
σημειωματάριο (το) cahier
σήμερα aujourd'hui
σήραγγα (η) tunnel
σιγά-σιγά lentement

σίγουρος sûr
σίδερο (το) fer (à repasser)
σιδερώνω repasser
σιδηρόδρομος (ο) chemin de fer
σικότι (το) foie
σινεμά (το) cinéma
σιωπή (η) silence
σκάλα (η) échelle
σκάλες (οι) escalier
σκέπτομαι penser
σκηνή (η) tente
σκι ski
σκιά (η) ombre
σκιά ματιών (η) ombre à paupières
σκληροί φακοί (οι) lentilles dures
σκληρός dur
σκόνη πλυντηρίου (η) lessive
σκόρδο (το) ail
σκοτεινός sombre
σκοτώνω tuer
σκουλαρίκια (τα) boucles d'oreille
σκούπα (η) balai
σκουπίδια (τα) ordures
σκουπιδοντενεκές (ο) poubelle
σκουφάκι του μπάνιου (το) bonnet de bain
σκύλος (ο) chien
σκωληκοειδίτις (η) appendicite
Σκωτία (η) Ecosse
σλάιντ (το) diapositive
σλήπιν-μπαγκ (το) sac de couchage
σλίπ (το) slip
σοβαρός sérieux
σοκ (το) choc
σοκολάτα (η) chocolat;

σοκολάτα γάλακτος chocolat au lait
σόλα (η) semelle
σολομός (ο) saumon
σόμπα (η) radiateur à bain d'huile
σορτς (το) shorts
σου te; ton, ta, tes
σουγιάς (ο) canif
σούπα (η) potage
σούπερμαρκετ (το) supermarché
σουτιέν (το) soutien-gorge
σπάγγος (ο) ficelle
σπανάκι (το) épinards
σπάνιος rare
σπασμένος cassé
σπάω casser
σπεσιαλιτέ (η) spécialité
σπηλιά (η) grotte
σπιράλ (το) spirale; stérilet
σπίρτο (το) allumette
σπίτι (το) maison; στο σπίτι à la maison; για το σπίτι à emporter
σπιτίσιος fait maison
σπορ (το) sport
σπουδαίος important
σπρώχνω pousser
σταγόνα (η) goutte
σταθμός (ο) gare
σταματώ s'arrêter; σταμάτα! arrêtez !
στάση (η) arrêt
στάση λεωφορείου (η) arrêt d'autobus
σταφύλια (τα) raisin
στέγη (η) toit
στεγνοκαθαριστήριο (το) teinturerie
στεγνός sec
στεγνώνω sécher

ΒΓΔΖΗΘΛΜΝΞΠΡΣΥΦΧΨΩ ΑΙ ΑΥ ΕΙ ΕΥ ΟΙ ΟΥ ΜΠ ΝΤ
β γ δ ζ η θ λ μ ν ξ π ρ σ υ φ χ ψ ω αι αυ ευ οι ου μπ ντ
v y D z i ç l m n x p r s i fR pso è af i èfe i ou b d

στέλνω envoyer
στενός étroit
στενοχώρια (η) souci
στηθάγχη (η) angine de
  poitrine
στήθος (το) sein; poitrine
στόμα (το) bouche
στομάχι (το) ventre
στον, στην, στο à; en; dans;
  στον σταθμό à la gare;
  στην Γαλλία en France
στοπ! arrêtez !
στρείδι (το) huître
στριφτό (το) cigarette roulée
στρογγυλός rond
στρόφαλος (ο) vilebrequin
στροφή (η) virage
στρώμα (το) matelas
στυλό (το) stylo
συγγενείς (οι) parents
συγγνώμη pardon
σύγκρουση (η) collision
συγχαρητήρια! félicitations !
σύζυγος (ο) mari
σύζυγος (η) femme
συλλαμβάνω arrêter
  (coupable)
συλλογή (η) collection
συμβαίνει se passer
συμβουλεύω conseiller
συμπεριλαμβάνεται compris
συμπλέκτης (ο) embrayage
συμφωνώ je suis d'accord
συναγερμός (ο) alarme
συναγωγή (η) synagogue
συναίσθημα (το) sentiment
συναλλαγματική ισοτιμία (η)
  cours du change
συναντάω rencontrer
συ νάντηση (η) réunion
συναρπαστικός passionnant

συναυλία (η) concert
σύνδεση (η) connection
συνεργείο (το) garage
συνήθεια (η) habitude
συνηθισμένος habituel
συνήθως d'habitude
συννεφιασμένος nuageux
σύννεφο (το) nuage
συνοδεύω accompagner
συνοικία (η) quartier
συνολικά en tout
σύνορα (τα) frontière
συνταγή (η) ordonnance;
  recette
συνταξιούχος (ο) retraité
συντηρητικό διάλυμα (το)
  solution de trempage
σύντομα bientôt
σύντομος δρόμος (ο)
  raccourci
σύρμα (το) fil de fer
συστήνω présenter;
  recommander
συχνά souvent
σφήγγα (η) guêpe
σφράγισμα (το) plombage
σφυρί (το) marteau
σχάρα αυτοκινήτου (η)
  galerie (sur voiture)
σχέδιο (το) plan
σχεδόν presque
σχοινί (το) corde
σχολείο (το) école
σωλήνας (ο) tuyau
σώμα (το) corps
σωστός correct; juste

τα les
ταβάνι (το) plafond
ταγιέρ (το) complet
ταινία (η) bande magnétique
τακούνι (το) talon
ταμείο (το) guichet; caisse
ταμπλέτα (η) comprimé
ταμπόν (το) tampon
τάξη (η) classe
ταξί (το) taxi
ταξιδεύω voyager
ταξίδι (το) voyage;
    excursion; καλό ταξίδι bon
    voyage !; ταξίδι για
    δουλειές voyage d'affaires
ταξιδιωτική επιταγή (η)
    chèque de voyage
ταξιδιωτικό γραφείο (το)
    agence de voyages
τάπα (η) bonde
τασάκι (το) cendrier
ταύρος (ο) taureau
ταυτότητα (η) carte d'identité
ταχυδρομείο (το) poste
ταχυδρόμος (ο) facteur
ταχυδρομώ poster
ταχύτητα (η) vitesse
τέλειος parfait
τελειώνω terminer
τελευταίος dernier
τέλος (το) fin
τελωνείο (το) douane
τεμπέλης paresseux
τέννις (το) tennis
τέντα (η) tente
Τετάρτη (η) mercredi
τέταρτο (το) quart
τέχνη (η) art
τεχνητός artificiel

τζαζ (η) jazz
τζηνς (τα) jeans
τζιν (το) gin; τζιν με τόνικ
    gin-tonic
τζόγγιγκ (το) jogging
τηγάνι (το) poêle
τηγανίζω frire
τηγανιτές πατάτες (οι) frites
τηγανιτός frit
τηλεγράφημα (το)
    télégramme
τηλεόραση (η) télévision
τηλεφώνημα κολλέκτ (το)
    PCV
τηλεφωνικός θάλαμος (ο)
    cabine téléphonique
τηλεφωνικός κατάλογος (ο)
    annuaire
τηλέφωνο (το) téléphone;
    παί ρνω τηλέφωνο
    téléphoner (à)
τηλεφωνώ téléphoner à
την la, elle
της son, sa, ses; à elle; de
τι; quoi ?; τι...; que ... ?;
    τι κάνεις/κάνετε; comment
    vas-tu/allez-vous ?
τιμή (η) prix
τίμιος honnête
τιμόνι (το) direction; volant
τίποτε rien
τις les
το le, la; το 1945 en 1945
τοίχος (ο) mur
τολμώ oser
τον le, lui
τόννος (ο) thon
τοπίο (το) paysage
τόσο si; autant; τόσο
    όμορφο si beau
τοστ (το) sandwich grillé
τότε alors; puis
του son, sa, ses; de; à lui

Β Γ Δ Ζ Η Θ Λ Μ Ν Ξ Π Ρ Σ Υ Φ Χ Ψ Ω ΑΙ ΑΥ ΕΙ ΕΥ ΟΙ ΟΥ ΜΠ ΝΤ
β γ δ ζ η θ λ μ ν ξ π ρ σ υ φ χ ψ ω αι αυ ει ευ οι ου μπ ντ
v y D z i ç l m n x p r s i f R p s o è af i èfe i ou b d

τουαλέτα (η) toilettes;
 τουαλέτα των γυναικών
 toilettes pour dames
τούβλο (το) brique
τουλάχιστον au moins
τουρίστας (ο) touriste
τουριστικός οδηγός (ο) guide
Τουρκία (η) Turquie
τους les; leur; à eux/elles
τουφέκι (το) fusil
τραβώ tirer
τραγούδι (το) chanson
τραγουδώ chanter
τράπεζα (η) banque
τραπεζαρία (η) salle à
 manger
τραπέζι (το) table
τραπεζομάντηλο (το) nappe
τραυματίζομαι blesser
τραυματισμένος blessé
τρελλός fou
τρένο (το) train
τρέχω courir
τριαντάφυλλο (το) rose
Τρίτη (η) mardi
τρόλλεϋ (το) chariot
τρομερός super
τροφική δηλητηρίαση (η)
 intoxication alimentaire
τροχονόμος (ο) agent de la
 circulation
τροχόσπιτο (το) caravane
τρύπα (η) trou
τρώω manger
τσαγιέρα (η) théière
τσαγκάρης (ο) cordonnier
τσάι (το) thé; τσάι με λεμόνι
 thé citron
τσάντα (η) sac; sac à main;
 cabas
τσεκούρι (το) hache

τσέπη (η) poche
τσιγάρο (το) cigarette
τσίμπημα (το) piqûre
τσιμπιδάκι (το) pince à épiler
τσιμπώ piquer
τσιπς (τα) chips
τσίχλα (η) chewing-gum
τσούχτρα (η) méduse
τυλίγω emballer
τυρί (το) fromage
τυφλός aveugle
τύχη (η) chance; καλή τύχη!
 bonne chance !; κατά τύχη
 par hasard
τώρα maintenant

Υυ

υαλοκαθαριστήρας (ο)
 essuie-glace
υγεία: στην υγειά σας/σου!
 santé !; à vos souhaits !
υγιής bon pour la santé; en
 bonne santé
υγραέριο (το) butagaz
υγρός humide; mouillé
υδατική κρέμα (η) crème
 hydratante
υδραυλικός (ο) plombier
υπάρχει/υπάρχουν il y a
υπερβάλλω exagérer
υπέρβαρο (το) excédent de
 bagages
υπερβολικά μεγάλο trop grand
υπερήφανος fier
υπεύθυνος responsable
υπηρεσία (η) service
υπνοδωμάτιο (το) chambre à
 coucher

ύπνος (ο) sommeil; πάω για
  ύπνο je vais me coucher
υπνωτικό χάπι (το) somnifère
υπόγειο (το) sous-sol
υπόγειος (ο) métro
υπογράφω signer
υπολογιστής (ο) ordinateur
υπόλοιπο (το) reste
υπόσχομαι promettre
ύφασμα (το) tissu

φαγητό (το) nourriture;
  repas
φαγούρα (η) démangeaison
φάκελος (ο) enveloppe
φακοί επαφής (οι) lentilles de
  contact
φακός (ο) objectif; lampe de
  poche
φαλακρός chauve
φαλλοκράτης (ο) phallocrate
φανάρια τροχαίας (τα) feux
  de signalisation
φανταστικός super
φαρμακείο (το) pharmacie
φάρμακο (το) médicament
φάρος (ο) phare
φασαρία (η) bruit
φασολάκια (τα) haricots
  verts
φασόλια (τα) haricots
Φεβρουάριος (ο) février
φεγγάρι (το) lune
φεμινίστρια (η) féministe
φερμουάρ (το) fermeture
  éclair
φέρνω apporter
φέρρυμπωτ (το) ferry-boat
φέτα (η) tranche

φεύγω partir
φθινόπωρο (το) automne
φίδι (το) serpent
φιλώ embrasser
φιλενάδα (η) petite amie
φιλέτο (το) steak
φιλί (το) baiser
φιλοδώρημα (το) pourboire
φιλοξενία (η) hospitalité
φιλοξενούμενος (ο) invité
φίλος (ο) ami; petit ami
φιλοφρόνηση (η) compliment
φίλτρο (το) filtre
φιλμ (το) film
φλας (το) flash
φλερτάρω flirter
φλυτζάνι (το) tasse
φοβάμαι avoir peur (de)
φοβερός épouvantable
φόβος (ο) peur
φοιτητής (ο) étudiant
φοιτήτρια (η) étudiante
φορά (η) fois; μια φορά une
  fois
φόρεμα (το) robe
φορτηγό (το) camion
φουντούκι (το) noisette
φούρνος (ο) four
φουσκάλα (η) ampoule
φούστα (η) jupe
φρακαρισμένος bouché; coincé
φράκτης (ο) barrière
φράουλα (η) fraise
φρενάρω freiner
φρένο (το) frein
φρέσκος frais
φρικτός horrible
φρούτα (τα) fruits
φρυγανιά (η) toast
φρύδι (το) sourcil
φταίω: εγώ φταίω/αυτός
  φταίει c'est de ma
  faute/c'est de sa faute

119

Β Γ Δ Ζ Η Θ Λ Μ Ν Ξ Π Ρ Σ Υ Φ Χ Ψ Ω ΑΙ ΑΥ ΕΙ ΕΥ ΟΙ ΟΥ ΜΠ ΝΤ
β γ δ ζ η θ λ μ ν ξ π ρ σ υ φ χ ψ ω αι αυ ει ευ οι ου μπ ντ
v y D z i ç l m n x p r s i f R ps o è af i èfe i ou b d

φτάνει ça suffit
φτάνω arriver
φτέρνα (η) talon
φτερνίζομαι éternuer
φτερό (το) aile
φτηνός bon marché
φτυάρι (το) pelle
φτωχός pauvre
φύγε! allez-vous-en !
φύκια (τα) algues
φυλακή (η) prison
φύλλο (το) feuille
φύλο (το) sexe
φύση (η) nature
φυσικός naturel
φυσιολογικός normal
φυστίκια (τα) cacahuètes
φυστίκια Αιγίνης (τα)
   pistaches
φυτό (το) plante
φωνάζω appeler; crier
φωνή (η) voix
φως (το) lumière
φώτα (τα) phares
φωτιά (η) feu; έχεις φωτιά;
   as-tu du feu ?
φωτογραφία (η)
   photographie; βγάζω
   φωτογραφία photographier
φωτογραφική μηχανή (η)
   appareil-photo
φωτογράφος (ο)
   photographe
φωτόμετρο (το) photomètre

χαλάζι (το) grêle
χαλάκι (το) (petit) tapis

χαλί (το) tapis
χαμηλά φώτα (τα) feux de
   position
χαμηλός bas
χαμόγελο (το) sourire
χαμογελώ sourire
χάμπουργκερ (το) hamburger
χάνω perdre; rater
χάπι (το) pilule
χάρηκα enchanté !
χάρπιχ (το) (R) eau de Javel
χάρτης (ο) carte
χαρτί (το) papier
χαρτιά (τα) cartes à jouer
χαρτί αλληλογραφίας (το)
   papier à lettres
χαρτί περιτυλίγματος (το)
   papier d'emballage
χαρτί υγείας (το) papier
   hygiénique
χαρτομάντηλα (τα) kleenex
   (R)
χαρτόνι (το) carton
χαρτονόμισμα (το) billet de
   banque
χαρτοπωλείο (το) papeterie
χαρτοφύλακας (ο) serviette
χασάπης (ο) boucherie
χείλι (το) lèvre
χειμώνας (ο) hiver
χειρότερος pire; ο
   χειρότερος le/la pire
χειροτεχνία (η) artisanat
χειρόφρενο (το) frein à main
χέρι (το) bras; main
χερούλι (το) poignée
χήνα (η) oie
χήρα (η) veuve
χήρος (ο) veuf
χθες hier
χιλιόμετρο (το) kilomètre

GREC-FRANÇAIS

χιόνι (το) neige
χιούμορ (το) humour
χλιαρός tiède
χοιρινό (το) porc
χόμπυ (το) hobby
χορεύω danser
χορός danse
χορτάρι (το) herbe
χορτοφάγος (ο) végétarien
χρειάζομαι avoir besoin de
χρησιμοποιώ utiliser
χρήσιμος utile
Χριστούγεννα (τα) Noël;
    Καλά Χριστούγεννα!
    joyeux Noël !
χρονιά (η) an; χρόνια
    πολλά! bon anniversaire !
χρόνος (ο) temps; année;
    του χρόνου l'année
    prochaine; πόσο χρονών
    είσαι;   quel âge as-tu ?;
    είμαι 25 χρονών j'ai 25
    ans
χρυσός (ο) or
χρυσοχοείο (το) bijouterie
χρώμα (το) couleur
χταπόδι (το) poulpe
χτένα (η) peigne
χτυπώ frapper
χυμός (ο) jus
χώμα (το) terre
χωνί (το) entonnoir
χώρα (η) pays
χωράφι (το) champ
χωριό (το) village
χωρισμένος divorcé
χωριστός séparé
χωρίς sans; χωρίς καφεΐνη
    sans caféine
χώρος φύλαξης αποσκευών
    (ο) consigne

ψαλίδι (το) ciseaux
ψαράδικο (το) poissonnerie
ψάρεμα (το) pêche
ψάρι (το) poisson
ψάχνω chercher
ψέματα: λέω ψέματα mentir
ψεύτικος faux
ψηλός haut; grand
ψήνω cuire
ψητός στη σχάρα grillé
ψιλά (τα) monnaie
ψυγείο (το) frigo; ψυγείο
    αυτοκινήτου radiateur
ψύλλος (ο) puce
ψωμάκι (το) petit pain
ψωμάς (ο) boulangerie
ψωμί (το) pain;
    ασπρο/μαύρο ψωμί pain
    blanc/complet
ψώνια (τα) shopping; πάω
    για ψώνια faire du
    shopping

ωμός cru
ώμος (ο) épaule
ώρα (η) heure; σε λίγη ώρα
    bientôt; στην ώρα του à
    l'heure; τι ώρα είναι;
    quelle heure est-il ?; στις
    τρεις η ώρα à 3 heures
ωραίος beau; joli; ravissant
ώριμος mûr
ως parce que
ωτοστόπ (το) stop; κάνω
    ωτοστόπ faire du stop

Il y a trois *GENRES* en grec — le masculin, le féminin et le neutre. L'*ARTICLE INDEFINI* (un, une) est pour chaque genre :

masc	*fém*	*neut*
ένας	μια	ένα
un temple	**une bière**	**une voiture**
ένας ναός	μια μπύρα	ένα αυτοκίνητο

L'*ARTICLE DEFINI* (le, la) est :

	masc	*fém*	*neut*
sing	ο	η	το
plur	οι	οι	τα

l'épicier	**l'avenue**
η λεωφόρος	ο μπακάλης
l'épicerie	**les voitures**
το μπακάλικο	τα αυτοκίνητα

Il y a trois *CAS* principaux — le nominatif, le génitif et l'accusatif. La forme des articles, des noms, des adjectifs et de la plupart des pronoms varie selon leur gendre, leur nombre et leur cas. L'article indéfini (un, une) se décline de la manière suivante :

sing	*masc*	*fém*	*neut*
nom	ένας	μια	ένα
gén	ενός	μιας	ενός
acc	ένα	μια	ένα

L'article indéfini (le, la) se décline de la manière suivante :

sing	*masc*	*fém*	*neut*
nom	ο	η	το
gén	του	της	του
acc	το(ν)	τη(ν)	το
plur			
nom	οι	οι	τα
gén	των	των	των
acc	τους	τις	τα

Le *nominatif* est le cas du sujet :

    le patron n'est pas là
    το αφεντικό δεν είναι εδώ

GRAMMAIRE

Le *génitif* est le cas de la possession :

le nom du patron
το όνομα του αφεντικού

L'*accusatif* est utilisé pour rendre le complément d'objet direct :

puis-je voir le patron ?
μπορώ να δω το αφεντικό;

L'accusatif est aussi utilisé avec certaines prépositions (à, de, depuis, avec etc.) :

où allez-vous ? – à Athènes
πού θα πάτε; – στην Αθήνα

d'où viens-tu ? – de France
από πού είσαι; – από την Γαλλία

nous irons en bus
θα πάμε με το λεωφορείο

Le *vocatif* permet d'adresser la parole directement à quelqu'un. Ce cas a les mêmes terminaisons que le nominatif, sauf pour les noms masculins qui perdent leur ς final :

où est Kostas ?　　　　　**Kostas, viens ici !**
που είναι ο Κώστας;　　　　Κώστα, έλα εδώ!

La terminaison des *NOMS* change selon les cas et les genres (singulier ou pluriel). Dans le tableau suivant, les terminaisons régulières de noms **masculins** sont données pour trois noms ο άντρας (l'homme), ο ναύτης (le marin) et ο ταχυδρόμος (le facteur) :

	-ας	-ης	-ος
sing			
nom	ο άντρας	ο ναύτης	ο ταχυδρόμος
gén	του άντρα	του ναύτη	του ταχυδρόμου
acc	τον άντρα	τον ναύτη	τον ταχυδρόμο
plur			
nom	οι άντρες	οι ναύτες	οι ταχυδρόμοι
gén	των αντρών	των ναυτών	των ταχυδρόμων
acc	τους άντρες	τους ναύτες	τους ταχυδρόμους

Quelques noms masculins se terminent en -ες ou en -ους, et leurs terminaisons au pluriel diffèrent de celles données ci-dessus de la manière suivante :

ο καφές (café), *plur* : οι καφέδες
ο παππούς (grand-père), *plur* : οι παππούδες

GRAMMAIRE

Les terminaisons des noms féminins sont soit -α (η θάλασσα la mer) ou -η (η τέχνη l'art) :

sing

nom	η θάλασσα	η τέχνη
gén	της θάλασσας	της τέχνης
acc	την θάλασσα	την τέχνη

plur

nom	οι θάλασσες	οι τέχνες
gén	των θαλασσών	των τεχνών
acc	τις θάλασσες	τις τέχνες

Mais quelques noms féminins se terminant en -η prennent au pluriel -εις, par exemple :

η πόλη	οι πόλεις
la ville	**les villes**

Les noms **féminins** se terminant en -ος suivent la même déclinaison que les noms masculins.

Les terminaisons des noms **neutres** en -ο (το βιβλίο le livre) ou en -ι (το παιδί l'enfant) ou en -μα (το γράμμα la lettre) sont :

sing

nom	το βιβλίο	το παιδί	το γράμμα
gén	του βιβλίου	του παιδιού	του γράμματος
acc	το βιβλίο	το παιδί	το γράμμα

plur

nom	τα βιβλία	τα παιδιά	τα γράμματα
gén	των βιβλίων	των παιδιών	των γραμμάτων
acc	τα βιβλία	τα παιδιά	τα γράμματα

Quelques noms neutres se terminent en -ος (το δάσος la forêt, *plur* : τα δάση).

La plupart des *ADJECTIFS* ont les terminaisons suivantes :

masc	*fém*	*neut*
καλός (bon)	καλή	καλό

masc	*fém*	*neut*
πλούσιος (riche)	πλούσια	πλούσιο

Les adjectifs se déclinent de la même manière que les noms auxquels ils se rapportent :

un bon café	**nous avons bu un bon café**
ένας καλός καφές	ήπιαμε ένα καλό καφέ

124

GRAMMAIRE

On forme le *COMPARATIF* en ajoutant le mot πιο (plus) devant l'adjectif :

elle est plus riche que Onassis
είναι πιο πλούσια από τον Ωνάση

Le *SUPERLATIF* se forme en ajoutant l'article défini approprié devant le comparatif :

elle est la femme la plus riche du monde
είναι η πιο πλούσια γυναίκα του κόσμου

Les *ADJECTIFS POSSESSIFS* sont :

mon μου	notre μας
ton σου	votre σας
son *(à lui)* του	leur τους
son *(à elle)* της	
son *(neutre)* του	

On place les articles possessifs après le nom auquel il se rapporte, l'article défini étant placé devant le nom :

mes valises
οι βαλίτσες μου

ma femme
η γυναίκα μου

son mari
ο άντρας της

Les *PRONOMS PERSONNELS* (je, vous etc.) se déclinent de la manière suivante :

nom	gén	acc
εγώ moi, je	μου à moi	με/εμένα me
εσύ toi, tu	σου à toi	σε/εσένα te, toi
αυτός il	του à lui	τον le, lui
αυτή elle	της à elle	την elle, lui
αυτό il *(neutre)*	του à lui	το le
εμεις nous	μας à nous	μας/εμάς nous
εσείς vous	σας/εσάς à vous	σας/εσάς vous
αυτοί ils	τους à eux	τους/αυτούς les, leur
αυτές elles	τους à elles	τις/αυτές les, leur
αυτά ils *(neutre)*	τους à eux	τα/αυτά les, leur

je l'ai ramenée à la maison
την έφερα στο σπίτι

qui est-ce ? – moi
ποιός είναι; – εγώ

GRAMMAIRE

Quand deux formes sont données à l'accusatif, la deuxième forme est utilisée après la préposition :

> **c'est pour moi**
> αυτό είναι για εμένα

> **il est parti sans moi**
> έφυγε χωρίς εμένα

En grec, les pronoms personnels sont généralement omis quand ils sont sujets :

> **j'habite à Lindos**
> μένω στην Λίνδο

> **elle est ma sœur**
> είναι η αδελφή μου

Mais on les utilise pour renforcer une affirmation :

> **il l'a fait !**
> αυτός το έκανε!

Les *PRONOMS POSSESSIFS* (le mien, le sien etc.) s'obtiennent en plaçant le mot δικός devant l'adjectif possessif. δικός se décline comme un adjectif, et s'accorde avec le nom auquel il se rapporte :

	masc	*fém*	*neut*
le mien	δικός μου	δική μου	δικό μου
le tien	δικός σου	δική σου	δικό σου
le sien (*à lui*)	δικός του	δική του	δικό του
le sien (*à elle*)	δικός της	δική της	δικό της
le sien (*neutre*)	δικός του	δική του	δικό του
le nôtre	δικός μας	δική μας	δικό μας
le vôtre	δικός σας	δική σας	δικό σας
le leur	δικός τους	δική τους	δικό τους

Au pluriel, les pronoms possessifs prennent la terminaison des adjectifs :

> **ces serviettes sont les nôtres**
> αυτά τα προσόψια είναι δικά μας

> **nos enfants sont plus jeunes que les vôtres**
> τα παιδιά μας είναι πιο μικρά απο τα δικά σας

Dans le dictionnaire on trouvera les *VERBES* sous la forme de la première personne du singulier du présent. C'est la forme de base du verbe (qui équivaut à l'infinitif en français) et les terminaisons sont soit -ω soit -μαι.

GRAMMAIRE

Au **PRESENT**, les terminaisons des verbes en -ω sont de deux types selon que l'accent tombe ou non sur la dernière syllabe :

	dernière syllabe non accentuée πληρώνω (je paie)	dernière syllabe accentuée μιλώ (je parle)
je	πληρώνω	μιλώ
tu	πληρώνεις	μιλάς
il/elle	πληρώνει	μιλά
nous	πληρώνουμε	μιλάμε
vous	πληρώνετε	μιλάτε
ils/elles	πληρώνουν	μιλούν

combien payez vous ?
πόσο πληρώνετε;

Les terminaisons du présent des verbes se terminant en -μαι sont :

	πληρώνομαι (je suis payé)
je	πληρώνομαι
tu	πληρώνεσαι
il/elle	πληρώνεται
nous	πληρωνόμαστε
vous	πληρωνόσαστε
ils/elles	πληρώνονται

Deux verbes très usités sont irréguliers :

είμαι (je suis)

είμαι je suis	είμαστε nous sommes
είσαι tu es	είσαστε vous êtes
είναι il/elle est	είναι ils/elles sont

έχω (j'ai)

έχω j'ai	έχουμε nous avons
έχεις tu as	έχετε vous avez
έχει il/elle a	έχουν ils/elles ont

Les terminaisons du temps du **PASSE** (j'ai fait, tu as acheté etc.) sont les suivantes (remarquez que l'on transforme le radical avant la terminaison) :

πλήρωσ-α	j'ai payé
πλήρωσ-ες	tu as payé
πλήρωσ-ε	il/elle a payé
πληρώσ-αμε	nous avons payé
πληρώσ-ατε	vous avez payé
πληρώσ-ανε	ils/elles ont payé

GRAMMAIRE

Le passé des verbes 'être' et 'avoir' est :

ήμουν	j'étais	ήμασταν	nous étions
ήσουν	tu étais	ήσασταν	vous étiez
ήταν	il/elle était	ήταν	ils/elles étaient

j'étais ici l'année dernière
ήμουν εδώ πέρσι

είχα	j'avais	είχαμε	nous avions
είχες	tu avais	είχατε	vous aviez
είχε	il/elle avait	είχαν	ils/elles avaient

aviez-vous une voiture ?
είχατε ένα αυτοκίνητο;

Voici une liste de verbes pratiques donnés avec leur forme à la première personne du passé :

présent	*passé*
βλέπω (voir)	είδα
βρίσκω (trouver)	βρήκα
δίνω (donner)	έδωσα
έρχομαι (venir)	ήρθα
κάνω (faire)	έκανα
λέω (dire)	είπα
μένω (rester)	έμεινα
παίρνω (prendre)	πήρα
πηγαίνω (aller)	πήγα
πίνω (boire)	ήπια
στέλνω (envoyer)	έστειλα
τρώω (manger)	έφαγα

La façon la plus simple pour obtenir une forme *FUTURE* en grec est de prendre la forme du présent et d'y ajouter en tête le mot θα :

θα πληρώνω	je vais payer
θα πληρώνεις	tu vas payer
θα πληρώνει	il/elle va payer
θα πληρώνουμε	nous allons payer
θα πληρώνετε	vous allez payer
θα πληρώνουν	ils/elles vont payer

quand cela va-t-il être prêt ?
πότε θα είναι έτοιμο;

On obtient la *FORME NEGATIVE* en ajoutant le mot δεν devant le verbe :

je ne parle pas grec
δεν μιλώ Ελληνικά